Ingrid Schumacher

Klassensprecher, Klassenrat und Schülerparlament

Praxisanleitungen zur Demokratieerziehung in der Grundschule

Verlag an der Ruhr

Impressum

Titel
Klassensprecher, Klassenrat und Schülerparlament
Praxisanleitungen zur Demokratieerziehung in der Grundschule

Autorin
Ingrid Schumacher

Titelbildmotiv
Eva Spanjardt

Illustrationen
Anja Boretzki u. a.

Verlag an der Ruhr
Mülheim an der Ruhr
www.verlagruhr.de

Geeignet für die Klassen 1–4

ISBN 978-3-8346-2978-4

Printed in Germany

Inhaltsverzeichnis

Vorwort

Etwa mit dem sechsten Lebensjahr beginnt für ein Kind das „Schulleben“. Zuvor wird die sogenannte Schulreife des Kindes ertestet und mit der Eignung für´s Lernen und unter gespannter Erwartung aller Beteiligten startet ein langer Weg in gesellschaftliches Leben – gesellschaftlich bedeutet in erster Linie „miteinander“, „füreinander“, „voneinander“, aber genauso „sich einfügen in ein System, einen Lebens-Raum“.

Unser aller gewollte Gesellschaftsform ist die der **Demokratie**. Da die wenigsten Menschen als Demokraten geboren werden, müssen Rücksicht und Toleranz – kurz: alles, was Demokratie beinhaltet – gelernt werden. Diese Eigenschaften werden in der Regel von den Eltern und Großeltern vorgelebt. Kleinkinder lernen hier am Modell wie auch von Versuch und Irrtum (= geht das so, wie ich will, oder nicht). Bis in die heutige Zeit hat dies so funktioniert, wie es unser aktuelles Hiersein spiegelt – persönliche Ansichten seien einmal außer Acht gelassen. Im Ganzen gesehen jedoch ist unsere demokratische Kulturgesellschaft schon sehr erstrebenswert.

In einer Zeit, die immer mehr Eltern in Berufstätigkeit bringt und in der demzufolge Kinder oft einen hohen Anteil ihrer wichtigen Lernphasen in Kitas und Ganztagsschulen verbringen, fällt die Rolle des Modells anderen Menschen zu – Menschen, die im Rahmen ihrer Sorgfaltspflicht nicht nur Schuhe zubinden sollen, sondern die auch zunehmend mehr ihre eigenen Vorstellungen von Demokratie möglichst neutral weitergeben. Neutral, weil die Grenzen zwischen Wissensvermittlung und Beeinflussung im Kindesalter sehr eng verlaufen (Indoktrination!).

Die Lehrerrolle verändert sich notwendigerweise. **Lehrer* müssen zusätzliche Erziehungsarbeit leisten, aber auch Verantwortung abgeben.** Unterrichtsfreie Betreuungszeit muss gefüllt werden. Der eigentliche Unterricht wird bereichert mit zusätzlichen Sonderpädagogen, Integrationshelfern und Schulbegleitern.
Verantwortung für Lernerfolge verteilt sich auf viele Schultern. Hilfestellungen passen sich an die individuellen Bedürfnisse der Schüler an.

Zweifellos gehört **politisches Wissen** zu einer fairen, demokratischen Erziehung zur Demokratie. Verhaltensweisen zu lernen, die für ein friedliches, verträgliches Zusammenleben unabdingbar sind, beinhaltet der Bildungs- und Erziehungsauftrag der Grundschule. Einige **Schwerpunkte** sind hier:

- das Zusammenleben in der Klasse, in Schule und Familie
- die Aufgaben des Gemeinwesens
- Interessen und Bedürfnisse, eigener wie die der Mitmenschen.

Wenn z. B. ein 5- oder 6-jähriges Kind zu Hause am Mittagstisch die Eltern fragt: „Warum kauft diese neue Bundeswehrministerin den Soldaten neue Stiefel? Sind die alle ihre Kinder?“, werden die Eltern vermutlich versuchen zu erklären, dass die Ministerin hierfür nur das Geld verwaltet. Sie geben also schon eine Antwort, die etwas über Mitbestimmungsmodalitäten erklärt. Ein Erzieher, Pädagoge oder Betreuer in der Ganztagsschule (oder Mittagsbetreuung) wird sicher erst einmal fragen: „Wieso hast du so spät noch die Nachrichten im Fernsehen geschaut?“
Die eigentliche Frage versinkt im Gespräch. Die Antwort signalisiert: Hier sind Autoritäten in Frage gestellt, bevor ich etwas wissen darf. Das für das Kind Vorrangige, das Interesse an demokratischer Politik, gerät in den Hinter-

* Aus Gründen der besseren Lesbarkeit haben wir in diesem Buch durchgehend die männliche Form verwendet. Natürlich sind damit auch immer Frauen und Mädchen gemeint, also Lehrerinnen, Schülerinnen etc.

grund. Was im Familienleben ein völlig bedenkenloses Gespräch (inklusive Lernen am Modell) ist, sollte in den „Ersatzfamilien", die an die Nachmittagsstelle des Zuhause getreten sind, nicht anders sein. Der Weg vom „über andere Bestimmen", angefangen bei „Diese Hose ziehst du heute an!", zum „Mitbestimmen", wie „Welche Hose ziehst du heute an?", hört nicht bei Schulbeginn auf. **Das „Leben" lehren und besprechen ist zum wichtigen Inhalt des Bildungsauftrags geworden**.

Bis zum Abend bei den Eltern hat das Kind seine Frage zu den Stiefeln der Soldaten vergessen. Eine Chance, etwas über den Wert von Mitbestimmung im Großen zu erfahren, ist vertan.

Das Mitbestimmen muss gelernt werden. Schließlich kann nur der wirklich mitbestimmen, der weiß, wie das funktioniert. Die grundsätzliche Erhaltung der Demokratie gründet auf ihrer Verankerung in den Köpfen heranwachsender Menschen. Der Fortbestand unserer Demokratie muss erarbeitet werden mit den Menschen, die sie weiterleben lassen.

Betrachten wir die Zukunft der Grundschulen als **die Inklusion und Integration**, gewinnen demokratische Erziehung und Bildung ein ganz besonderes Gewicht. Inklusion betrifft nicht nur Menschen mit Behinderung. Sie begründet sich in universeller Menschenwürde, die ein Staat in einer Rechtsform absichert. Damit ist der Schutz vor jeder Form von Diskriminierung unanfechtbar verbürgt. Das bedeutet auch, dass jedes Kind ein Recht auf die individuell notwendige Förderung hat, ohne es Misserfolgserlebnissen auszusetzen. Bei der Umsetzung der Menschenrechte müssen die jeweils verschiedenen Ausgangssituationen berücksichtigt werden.

Da gerade demokratisch der Elternwille bezüglich der Schulwahl eines Kindes per Gesetz (in NRW 16.10.2013) verankert wurde, muss folglich eine Partizipation auf allen Bildungsfeldern berücksichtigt werden. Weder Kinder mit Behinderung noch Migrantenkinder haben selbst ein Mitspracherecht in Bezug auf den Beginn ihrer Schullaufbahn. Oft verstehen sie bewusst ihr eigenes „Anderssein" erst bei der Einschulung. Unterschiede und mögliche Defizite erkennen sie selbst erst, wenn sie neben den Mitschülern sitzen. Kein Kind wird im Vorschulalter zu einem Bewusstsein seiner eigenen Behinderung, Krankheit oder Schwächen erzogen. Dies hätte fatale Folgen.

Genau an diesen Punkten muss Mitbestimmung beginnen, um nicht wertvolle Selbstwertgefühle in den Kinderseelen zu belasten. Mit wundervollen Kinderbüchern wie „Ich kenn dich nicht, ich geh nicht mit!" oder „Irgendwie anders" erziehen wir unseren Kindern ein starkes Selbstbewusstsein und das Durchsetzungsvermögen des eigenen Willens an. Damit Inklusion nicht zu einer Ideologie wird, die dem Gewissen von Gesellschaft und Politik geschuldet ist, müssen diese Eigenschaften in die gewünschte Richtung gelenkt werden. **Jeder hat das Recht, anders zu sein**. Mitbestimmung und Demokratie können dies nicht nur vermitteln, sondern auch lehren, gut damit zu leben – ungeachtet der persönlichen Unterstützungsbedürfnisse.

Jetzt, da das gesamte soziale Feld der meisten Großstädte inzwischen „barrierefrei" ist, muss diese Freiheit endlich auch in den Schulen gelebt werden können.

Die vereinten Nationen verfassten 1989 die UN-Kinderrechtskonvention mit insgesamt 54 Artikeln. Das Recht auf Mitbestimmung ist hier definiert.

In diesem Sinn ist auch der erste Paragraph der **Schulgesetze für Deutschland** verfasst worden, hier als Beispiel NRW:
„**§ 1** Recht auf Bildung, Erziehung und individuelle Förderung

(1) Jeder junge Mensch hat ohne Rücksicht auf seine wirtschaftliche Lage und Herkunft und sein Geschlecht ein Recht auf schulische Bildung, Erziehung und individuelle Förderung. Dieses Recht wird nach Maßgabe dieses Gesetzes gewährleistet.

(2) Die Fähigkeiten und Neigungen des jungen Menschen sowie der Wille der Eltern bestimmen seinen Bildungsweg. Der Zugang zur schulischen Bildung steht jeder Schülerin und jedem Schüler nach Lernbereitschaft und Leistungsfähigkeit offen."

In den Grundschulen ist die Demokratieerziehung in verschiedenen Fächern möglich. Für die Grundschulen ist die Rahmenvorgabe für politische Bildung im **Sachunterricht** angesiedelt, wie hier am Beispiel des Lehrplans für NRW:
„Der Sachunterricht leistet so einen wesentlichen Beitrag zur Identitäts- und Persönlichkeitsentwicklung und befähigt damit zur Übernahme von Verantwortung und zur aktiven Teilnahme an der Gestaltung der Lebenswirklichkeit."

Individuelle Persönlichkeitsentwicklung und Handlungskompetenz sind Bildungsziele im Sachunterricht. Alle Kinder sollen in den Grundschulen tragfähige Grundlagen für erfolgreiche und weiterführende Bildungsprozesse erarbeiten. Ein demokratisches Miteinander ist die tragfähigste Grundlage überhaupt.

Doch nicht nur im Sachunterricht kann Demokratieerziehung stattfinden:
Als zentrale Instanz einer Vermittlung von politischem Geschehen findet sie auch ihren Platz im Medienunterricht sowie im Sprachunterricht. Kinder handeln zudem sinnzusammenhängend, weshalb fächerübergreifendes Arbeiten auch in diesem Bereich angebracht ist.

Wünschenswert ist es, dass auch Kinder nichtdeutschen Ursprungs, die hier mit anderen Kindern vieler Nationalitäten leben sollen, im jeweiligen muttersprachlichen Unterricht Regeln von Demokratie erfahren. Sie sollen und wollen ihr Leben in einem demokratisch geprägten Land mit allen Möglichkeiten, die Kinder haben, ausrichten.
Gemäß dem Erlass des Ministeriums für Schule, Jugend und Kinder des Landes Nordrhein-Westfalen „Begegnung mit Sprachen" (2003) ist es erwünscht, dass Schulen mit den Herkunftssprachen ihrer Schüler arbeiten. Zu den Erfahrungsfeldern, die zur Arbeit zählen, gehören unter anderem:

- einfache Dialoge gestalten
- etwas über die jeweilige alltägliche Lebenssituation mit anderem Sprachhintergrund wissen
- sich in verschiedenen Lebenssituationen Menschen mit anderer Sprache gegenüber angemessen verhalten.

Diese Punkte haben einen Bezug zu politisch korrektem, demokratischem Verhalten.

Politische Bildung ist als ein fester Bestandteil unserer Schulkultur verankert und gehört zum Erziehungs- und Bildungsauftrag. Schule muss sich als ein demokratischer Raum verstehen und Mitbestimmung wie Mitgestaltung fördern und zulassen. Das ist ihr Anteil an einer Entwicklung zum mündigen Bürger.

Aktuell wird diskutiert, das Wahlalter von bisher 18 Jahren herunterzusetzen. Ein zukünftiger Wähler braucht neben Hintergrundwissen auch Erfahrung darin, seine Stimme für etwas abzugeben. Die Tragweite einer Entscheidung muss erlebt werden, bevor eine Klarheit über die Konsequenzen entstehen kann.

Der Wandel gesellschaftlicher und politischer Rahmenbedingungen erfordert Anpassungen an die Menschen, die in unserem Staat leben. Demokratie muss über das schulische Lernen näher an die Bürger gebracht werden. Es darf nicht sein, dass z. B. wesentliche politische Entscheidungen über Schulbildung, Bildungswege und -möglichkeiten, die Menschen betreffen, die am Parlamentarismus und an den jeweiligen Landtagswahlen gar nicht teilnehmen, weiterhin ohne diese Mitbürger getroffen werden. Schüler, die ihre (Mit-)Stimme aus Erfahrung in Richtung Erfolg einsetzen können, werden auch die Selbstverständlichkeit erlangen, mitzureden. Sie werden Kritik üben, wo es angebracht ist. Sie werden sehen, wo etwas nicht in Ordnung ist, und sie werden sich einbringen, unsere demokratische Verfassung zeitgemäß leben zu lassen.

Elternmitwirkung

Kinder, die sehen, dass auch Eltern aktiv am Schulleben beteiligt sind, werden eher ein demokratisches Grundverständnis entwickeln. Sie begreifen das Mitbestimmen als etwas, das zum Bildungsweg dazugehört und gleichzeitig elterliche Autorität nicht untergräbt. **Demokratie führt alle Menschen in ein Miteinander mit der Anerkennung ihrer jeweiligen Kompetenzen und Rollen.** Eine private pädagogische Konsequenz für Kinder ist es, dass man Eltern, die sich für alles interessieren, auch (fast) alles erzählen kann.

Mitwirkung ist das Recht auf Beteiligung (Anhörungs-, Anregungs- und Vorschlagsrecht) oder auf Entscheidungen. Außerdem haben Gremien der Schulmitwirkung (auch die Schüler) ein Auskunfts- und Beschwerderecht gegenüber der Schulleitung. Offener Austausch von Meinungen und Informationen sowie vertrauensvolle Zusammenarbeit bei den Bildungs- und Erziehungsaufgaben führen zu einer positiven Atmosphäre bei der Mitgestaltung des Schullebens. Jeder Bürger kann in seinem Lebensumfeld eigenverantwortlich Gemeinschaftsgeist zeigen für eine solidarische Welt gegen Demokratiedefizite.

An dieser Stelle sei darauf hingewiesen, dass das Schulgesetz (hier NRW) auch Folgendes vorsieht: *„Schüler und Schülerinnen aus Migrantenfamilien und ihre Eltern sollen in den Mitwirkungsgremien angemessen vertreten sein."* (§ 62,8)

Frei nach Karl Valentin: Demokratie ist wohl schön, macht aber doch viel Arbeit.

In Gedanken an meine Kinder
Markus, Kerstin und Saskia:
Mögen sie stets wirkliche Demokraten
sein.

1

Zusammenleben in der Klasse: Regeln und Rituale

Regeln

Pädagogische Begründung

Eine neu entstandene Schulklasse mit 25 oder gar mehr, in allen Qualitäten wissbegierigen sechsjährigen Menschen und einem wissensvermittelnden Erwachsenen braucht Regeln. Mit der ersten Regel, *„Ich muss morgens früh um 8 Uhr in der Schule sein!"*, wird schon eine **Disziplin** erwartet, die sehr undemokratisch einen Rahmen vorgibt.

Regeln bieten **Halt, Schutz und Sicherheit** – es entsteht ein System mit klar erkennbaren Orientierungspunkten. Aber erst dann, wenn beachtet wird, dass Regeln nicht ausschließlich von anderen Menschen erstellt werden, wenn gelernt worden ist, wie man sich selber mit diesen Regeln fühlt, ob man selbst mit Regeln anderer gut leben kann oder etwas verändern möchte, dann erst beginnt Demokratie.

Schulneulinge kommen mit den Regeln ihrer eigenen Familien in eine neue, **fremde Umgebung**. Die wenigsten Kinder wissen, dass andere Menschen andere Regeln beachten. Bisher war die morgendliche Öffnungszeit in der Kita stabil, jedoch kamen die Kinder zu unterschiedlichen Zeiten in die Gruppen. Kinder wurden nach einem eigenen familiären Bedarf wieder abgeholt und es gab auch Kinder, die nicht täglich in die Kita kamen. Gelegentlich durfte zu bestimmten Spielen die Gruppe gewechselt werden, und wenn man nach dem Urlaub noch eine Woche bei Oma bleiben wollte, war das meist auch möglich.
In die Schule geht man schon ganz anders. Man wartet auf dem Schulhof, bis es klingelt. Dann sammelt man sich zur Klassengemeinschaft vor der Tür. Das kann unter Umständen bereits ein Problem sein, weil vielleicht einige von den „neuen" Kindern, mit denen man unbedingt befreundet sein will, zu einer anderen Klasse gehören. Und dann darf auch noch niemand in den Klassenraum rennen. Man muss ruhig und in Reihen geordnet zu seinem Platz gehen. Man darf keinesfalls hineinrennen, um den beliebtesten Platz zu belegen oder die bis dato beste Freundin zu umarmen.

Für die Kinder sieht der Schulbeginn zunächst gar nicht nur attraktiv aus. Die Lehrkraft benötigt eine Menge Überzeugungskraft, um mit den Kindern gemeinsam ein Ordnungssystem für das Leben in der Klasse aufzustellen. **Selbst erarbeitete Regeln** werden eher eingehalten. Sie sollten am besten in der Ich-Form formuliert sein, da man ein Verhalten grundsätzlich immer erst für sich selbst wählt. Ähnlich dem Autogenen Training soll der Körper durch die Macht der eigenen Vorstellung, dem Ich, beeinflusst werden. Jeder, auch jedes Kind, soll für seinen Körper selber verantwortlich bleiben. Mit Zielbeschreibungen in kurzer, prägnanter Ich-Formel ist der Körper sein eigener Befehlsempfänger. Nur das Erwünschte wird erwähnt. Kinder sind noch sehr nahe an ihrem Selbst. Dies mag man benennen, wie man möchte, als Geist, Seele oder Wesen, wie auch immer: Es ist ihnen viel einfacher möglich, ihre Gedanken zu beeinflussen, als einem Erwachsenen. Allerdings brauchen sie klare, eindeutige Instruktionen in kurzen, unmissverständlichen Sätzen. Nur wirkliches Verstehen ermöglicht das Umsetzen eines Inhalts in die Tat.

Lernziele

Folgende Lernziele werden durch das Beachten von Regeln angestrebt:

- Grundsätzliche Sachkenntnisse über die Gestaltung des Zusammenlebens von Menschen, über gesellschaftliche und politische Verhältnisse
  hier: respektvoller Umgang mit den Menschen in der unmittelbaren Umgebung, dem Klassenraum
- Soziale Verhaltensweisen, Regeln der Demokratie, achtsamer Umgang miteinander

hier: die gegenseitige Akzeptanz durch die Lehrkraft oder den Mitschüler

- Kennenlernen von Rechten, Menschenrechten und eigenen Rechten in geeigneter, kindgemäßer Form
  hier: wissen und beachten, was der Mitschüler/die Lehrkraft braucht, um störungsfrei lernen, arbeiten oder z. B. auch sein Frühstück genießen zu können
- Fähigkeit, durch den Umgang in einer Gruppe von Kindern und Lehrkräften ein gutes Miteinander auf andere Gruppen umsetzen und sozial erwünschtes Verhalten übertragen zu können.

Inklusive Klassen

Irgendwann schaffen auch Erstklässler es, andere zu Ende sprechen zu lassen. Nun können Sie die einzelnen Kinder fragen, welche Regeln bei ihnen zu Hause gelten. Lässt sich von dort etwas übernehmen? Sind die Klassenregeln für irgendjemanden nicht beachtbar? Warum? Sollte eine auf diese Gruppe zugeschnittene, spezielle Regeländerung vorgenommen werden? Braucht es eine zusätzliche Regel? Dies sind Fragen, die besonders im Hinblick auf Inklusion und Integration gestellt und bedacht werden müssen.

So können z. B. viele **hörgeschädigte Kinder** gar nicht wahrnehmen, dass oder was hinter ihnen gesprochen wird, und demzufolge mit Antworten auf Lehrerfragen nicht warten, bis ein Kind, das im hinteren Klassenraum sitzt, zu Ende gesprochen hat.

Von Kindern mit **nichtdeutscher Muttersprache** ist oft nicht klar, wie gut sie verstehen oder ob es Defizite im Sprech-/Sprachbereich oder beim Hören gibt.
Kinder mit **Bewegungsstörungen** können nicht 45 Minuten stillsitzen, was die übrigen Schüler nicht tolerieren wollen, und es gibt Kinder mit **Bewegungseinschränkungen**, die das Sich-Melden erst lernen müssen.

Kinder mit **ADHS** entwickeln die Fähigkeit zur Selbststeuerung nur schwer. Sie reagieren nicht wie andere Kinder. Aber gerade sie benötigen überschaubare Regeln und verlässliche Beziehungen.

In inklusiven Klassen empfiehlt es sich grundsätzlich, in den ersten Wochen **Sonderpädagogen als zusätzliche Lehrkräfte** einzusetzen, um individuelle Probleme zu erkennen und einzelne Kinder zu unterstützen.
Oft werden als Schulbegleiter oder Integrationshelfer Praktikanten oder junge Menschen im berufsvorbereitenden Jahr eingesetzt, die wohl sehr viel guten Willen zur Arbeit mit den Kindern, aber doch recht wenig Hintergrundwissen haben. Einige spezielle Selbsthilfegruppen, Vereine und ambulante Hilfs-/Therapieorganisationen geben (nur!) auf Anfrage Informationsschriften zu Krankheitsbildern oder Integrationshilfen heraus. Die jeweiligen Schulleitungen könnten vermittelnd arbeiten.

Hilfreich ist es, die Eltern betroffener Kinder vor Schulbeginn um genauere **Umgangsregeln oder Reaktionen** zu bitten. Hier hat diese Frage nichts mit der Verletzung von Persönlichkeitsrechten zu tun. Vielmehr kann die Lehrkraft mit solchem Wissen schon bei der Regelerstellung zur allseitigen Zufriedenheit arbeiten.
Oft haben Eltern in jahrelanger Erfahrung mit Therapien ihrer Kinder auch pädagogisches Fachwissen erlernt, das sie gern weitergeben. Demokratisches Miteinander ist auf allen Ebenen unverzichtbar.

Eine weitere Konsequenz von Integration in den Regelschulen ist die zunehmende Anzahl von **Kindern aus betreuten Einrichtungen**, die nicht in einem Elternhaushalt leben können. Oft sind diese Kinder schon mit Regeln, etwa von Kinderheimen oder Asylantenheimen, „überfüttert" und reagieren beim Thema Ordnung völlig inadäquat. Die wenigen Erfahrungen zeigen bisher, dass hier nur ein Abwarten und Beobachten zur differenzierten Problembeschreibung mit folgerichtiger individueller Hilfe, eventuell in Form einer Schulbegleitung, wirken kann. Ein Klassen- oder Schulwechsel würde für die Schüler allzu häufigen Beziehungsabbruch mit unterschwelligen Versagensgefühlen bedeuten. Da es hier keine Mutter und keinen Vater für ein Elterngespräch zum Regelverständnis und bei zu häufigen Regelverletzungen gibt, fehlt oft die Orientierung. Wenn schon die Beziehungen in einem Kinderleben instabil sind, sollte doch das Bildungssystem beständig bleiben, um eine Anpassungsleistung nicht zu gefährden. Demokratie leben beinhaltet auch, für kindgerechte Umstände mit Sorge zu tragen.

Kann die **Sitzordnung** verändert werden, um Regeleinhaltung zu erleichtern?
Manchmal vermittelt die beste Freundin Sicherheit und Ruhe, wenn man neben ihr sitzen kann. Mit einer neu kennengelernten Mitschülerin gibt es viel zu besprechen. Es ist sehr schwer, bis zur Pause damit zu warten.

Kinder brauchen zudem die Freiheit, **Erfahrungen** – positiv wie negativ – mit selbst gesuchten Regeln oder Regelveränderungen zu erleben.

Manchmal erkennen Schüler die **Notwendigkeit von Regeln**, nachdem sie einmal für ungefähr 15–20 Minuten ungeordnet im Klassenraum sein dürfen. Natürlich dürfen Sie als Lehrkraft das Klassenzimmer nicht verlassen, um eventuell grenzwertige Eskapaden zu beeinflussen. Wenn die Schüler sich nicht einmal mit dem Tischnachbarn unterhalten können, weil der Lärm zu groß wird, werden die meisten Schüler selbstständig auf Grundregeln zurückgreifen.

Tipps für die Umsetzung

Kurze Geschichten aus dem Leben helfen hier gut, z.B.:

- Paul sagt wenig im Unterricht. Als das Thema „Auto" zum Diphtong „Au" angesprochen wird, meldet er sich sofort, denn damit kennt er sich gut aus. Kaum hat er jedoch einige Wörter gesagt, schreit Anna von hinten: *„Autos finde ich doof, mein Papa fährt Motorrad. Das ist cool."* Paul sagt nichts mehr und hat auch keine Lust mehr, sich zu melden.
  Die Kinder entdecken: *„Ich lasse andere ausreden, bevor ich etwas sage. Ich melde mich, bevor ich etwas sage. Ich beleidige niemanden."* – Und so bestimmen sie mit.
- Lisa hat ihre Stifte vergessen. Paul leiht ihr einen Bleistift. Sie spielt damit im Unterricht. Als sie sich auf eine Frage der Lehrkraft melden möchte, lässt sie Pauls Stift auf den Boden fallen. Die Bleistiftmine ist zerbrochen und selbst mit wiederholtem Anspitzen ist der Stift nicht mehr brauchbar. Paul ist sauer. Er hatte diesen Bleistift mit seiner Oma gekauft.
  Die Kinder folgern: *„Ich gehe sorgsam mit dem Eigentum anderer um."*
- Die Lehrkraft fragt, wer von den Kindern heute einen Buchstaben an die Tafel malen möchte. Zehn Kinder melden sich. Nur Lisa springt von ihrem Platz auf, ihr Stuhl fällt um, und während sie nach vorn rennt, bleibt sie mit einem Fuß in den Schultaschenträgern ihrer Tischnachbarin hängen. Sie fällt – zwar ohne größere Verletzung, aber mit Riesenlärm.
  Die Kinder folgern: *„Ich bleibe sitzen, bis die Lehrkraft etwas sagt. Ich gehe im Raum, ich renne nicht."*
- Vor den Ferien fragt die Lehrkraft die Kinder, wer denn wohl in der Urlaubszeit die klasseneigenen Pflanzen mitnehmen und versorgen möchte. Alle Kinder antworten gleichzeitig. Niemand kann wirklich etwas verstehen.
  Die Lehrkraft stellt kurzerhand die Pflanzen in eine Kiste und nimmt sie selbst mit aus der Klasse. Die Kinder, die sich gern darum gekümmert hätten, sind traurig.
  Die Kinder folgern: *„Ich rede nur, wenn ich an der Reihe bin."*

Die gefundenen Regeln müssen nun zu einem festen Bestandteil des Klassenlebens werden. Ihre **sichtbare Anwesenheit** verstärkt ihre Verinnerlichung. Dazu werden alle Regeln an einer Wand im Klassenraum ausgehängt. Bunter Fotokarton oder Plakatpapier eignen sich gut. Unter Berücksichtigung von Umweltschutz und Materialsparsamkeit sind auch die Rückseiten von Werbeplakaten oder großen Kalenderblättern nutzbar. Diese Vorbildlichkeit übernehmen Schüler gern.

Beispiele für Klassenregeln:

- Ich melde mich, wenn ich etwas sagen möchte.
- Ich lasse andere ausreden.
- Ich höre zu.
- Ich rede nur, wenn ich an der Reihe bin.
- Ich störe niemanden.
- Ich störe niemanden beim Essen.
- Ich lache niemanden aus.
- Ich gehe sorgfältig mit dem Eigentum anderer um.
- Ich bleibe sitzen, bis die Lehrkraft mich zu etwas anderem auffordert.
- Ich gehe im Raum und renne keinesfalls.

Nun ist eine recht große **Anzahl von Regeln** gefunden, von denen jede einzelne notwendig ist, das Lernen in einer Gruppe möglich zu machen. Für Schulneulinge sind in den ersten Wochen vier bis fünf Sätze vollkommen ausreichend, um sie auswendig zu beachten. Sie können nach beliebiger Auswahl die wichtigsten Sätze vorwegnehmen und wöchentlich mit zwei Regeln ergänzen. Jede neue Klasse hat ihre eigene Besonderheit und sicher auch ganz eigene mögliche Störfaktoren. Orientieren Sie sich an den jeweils aktuell größten Problemen und stellen Sie passende Regeln vor. So werden die Schüler langsam an ein lernförderliches Klassenklima herangeführt.

Für die ersten beiden Schuljahre hat sich die Darstellung der Klassenregeln in Form von **Bildern** bewährt (Beispiele siehe S. 16–25).

Ebenso könnten Sie auch nach Diktat der Schüler **Zeichnungen** anfertigen. Damit wird das Bewusstsein der Kinder, selbst eine Regel zu erstellen, geweckt.

Auch ist es gelegentlich interessant, zu hören, was sich einzelne Kinder unter den verschiedenen Begriffen vorstellen. Beispiele: *„Wen stört es, wenn ich meinen Tischnachbarn um einen Bleistift bitte, weil ich meinen nicht finde? Ich flüstere doch nur ganz leise." „Was ist Anlachen, was ist Auslachen?"*
Wie sehr sich **Sprachverständnis und Wortschatz** einzelner Kinder unterscheiden, wird in einer lockeren Gesprächsrunde über ein vorgegebenes Thema (hier: „Regeln") deutlich. Auf dieser Grundlage können Sie schon Ihre weitere Arbeit planen.

Ein wenig interessantere Bewegung im ungewohnten Stillsitzen schafft die **Meldehand**. Die Schüler basteln eine Hand aus Pappe (siehe S. 26), die auf einen Stab (fester Strohhalm oder Stab) geklebt wird. Jedes Kind kann seine Hand nach eigenen Wünschen bemalen oder bekleben. Auch damit wird wieder die Eigeninitiative der Schüler wirksam genutzt und belohnt: *„Was ich selbst geschaffen habe, das nutze ich so, wie ich es vorgesehen hatte. Wenn alle Mitschüler das auch beachten, können alle ungestört etwas sagen und alle hören zu. Jeder kann jeden gut verstehen."*

Sehr schön und einprägsam zum Thema Regeln sind kurze **Lieder**, die bei bestimmen Gelegenheiten eingesetzt werden können. So können Sie z. B. das Lied „Kommt in den Kreis" (CD: „Vom Frühstückssong zum Abschiedsgong", siehe Literaturtipps, S. 119) verwenden, wenn die Kinder zum Sitzkreis zusammenkommen. Derartige Lieder können Sie auch gemeinsam mit Ihren Schülern komponieren.

Die Freude aller Kinder am Zusammenspiel von Bewegung und Reimliedern kann zur Förderung des Gemeinschaftsgefühls genutzt werden. Das Singen und Nachsingen in festen Tonschritten stellen schon eine eigene Regel dar, die unbewusst verinnerlicht und damit auch eingehalten wird.

Regelverstöße

Was passiert bei Nichteinhaltung einer Regel? Welche Konsequenz hat ein Regelverstoß? Soll ausschließlich positive Verstärkung angewendet werden? Hierfür gibt es z. B. die Möglichkeit, **Belohnungspunkte** (kleine Smileys, Kärtchen oder Stempel) zu verteilen. In der ersten Woche bekäme jedes Kind, das sich an die Regeln gehalten hat, vielleicht alle zwei Tage eine Belohnung. Später werden die Abstände größer. Die Belohnungen können gesammelt gegen kleine Schätze (aus der Klassenkasse finanziert) oder bevorzugte Dienste (Schlüssel-, Milchholdienst) eingetauscht werden.

Diese Verfahrensweisen könnten **auch schon im ersten Schuljahr** in kleineren Gruppen von den Kindern selbst diskutiert werden: Die Klasse wird nach beliebiger Auswahl, vielleicht nach Kindern mit braunen Augen, mit blonden Haaren und mit weißen T-Shirts, in Gruppen eingeteilt. Stellen Sie jeder Gruppe eine durchführbare Vorgehensweise dar. Innerhalb eines Zeitrahmens (ca. 10 Minuten) soll jede Gruppe über mögliche Vor- und Nachteile sprechen. Die Kinder wählen je einen Gruppensprecher, der die Ergebnisse der ganzen Klasse vorträgt. Dabei zeigt sich schon, wer **Gruppenverantwortung** übernehmen kann und möchte: ein erstes echtes Mitbestimmungserlebnis.

Falls es mit positiven Konsequenzen gar nicht klappt, sollten kleine Störenfriede auch mal für zehn Minuten eine „**Nachdenkzeit**" im hinteren Teil des Klassenraumes bekommen.

Natürlich muss Ersatz geleistet werden, wenn **fremdes Eigentum beschädigt** worden ist. Wer immer wieder Kinder auslacht, sollte dazu aufgefordert werden, sich eine entsprechende Wiedergutmachungsgeste zu überlegen. Das kann z. B. ein Entschuldigungsschreiben sein.

Eine weitere Möglichkeit ist der **Einsatz von gelben und roten Karten** (aus dem Mannschaftssport). Dazu wird gelbe und rote Kartonpappe in Spielkartengröße ausgeschnitten. Zeigen Sie bei einem Regelverstoß zuerst die gelbe Karte als Ermahnung, bei weiterem Nichtbeachten die rote Karte. Dieser Schüler könnte für einen kurzen Zeitraum allein an einem Tisch sitzen und eventuell eine Sonderaufgabe lösen oder über sein Verhalten nachdenken.
Zeigen Sie die jeweilige Karte dem Schüler wortlos an. So wird das Mahnen und Sprechen in eigentlich nicht erwünschter, nämlich negativer Weise, verringert.

Beispiel einer Unterrichtssequenz zur Erarbeitung von Klassenregeln ab Klasse 1

Fach: Sachunterricht, übergreifend zu Deutsch, Sprache

Zeit	Phase	Verlauf	Sozialform/Material
ca. 5 Min.	Begrüßung	■ Begrüßung der Kinder ■ Vorstellen des Themas der bevorstehenden Stunde ■ Bitte an die Kinder, in den Sitzkreis zu kommen	Plenum
ca. 10 Min.	Hinführung	■ gemeinsames Gespräch: „*Was sind Regeln? Welche kennt ihr? Welche gibt es zu Hause? Welche gibt es in der Schule? Können Regeln von zu Hause übernommen werden?*" ■ Notieren von wichtigen Stichpunkten an der Tafel	Sitzkreis Tafel
ca. 20 Min.	Erarbeitung	■ ggf. Beispielgeschichten als Anlass für die Notwendigkeit von Regeln vorlesen ■ Vorstellen der vorbereiteten Bilder ■ Schüler äußern ihre Meinungen ■ gemeinsame Diskussion: „*Welche Regeln wollen wir für unsere Klasse übernehmen? Was wollen wir nicht in unserer Klasse tun?*"	Sitzkreis Geschichten (S. 12) Bildvorlagen (S. 15–25)
ca. 5 Min.	Umsetzung	■ gemeinsames Aufhängen der Bilder an einer entsprechend präsenten Fläche im Klassenraum ■ ggf. unterschreiben sowohl Sie als auch alle Kinder diese Regel (in Anlehnung an einen Vertrag)	Gruppenarbeit Bildvorlagen (S. 16–25)
ca. 5 Min.	Abschlussrunde	■ Blitzlichtrunde: Hier können alle eine kurze Rückmeldung geben, ohne dass dies von Ihnen oder den Mitschülern kommentiert wird.	Plenum

Da der Vormittag mit Erarbeitung und Anerkennung von zukünftigem erwünschten Verhalten verbracht wurde, ist es nun wünschenswert, dass die Schlussphase „regelgerecht" verläuft:

Die Kinder sollten als Hausaufgabe noch einmal gründlich und zusammenfassend über den Sinn und Inhalt der Regeln nachdenken.

Ich melde mich, wenn ich etwas sagen möchte.

ISBN 978-3-8346-2978-4 | www.verlagruhr.de

Ich lasse andere ausreden.

ISBN 978-3-8346-2978-4 | www.verlagruhr.de

Ich höre zu.

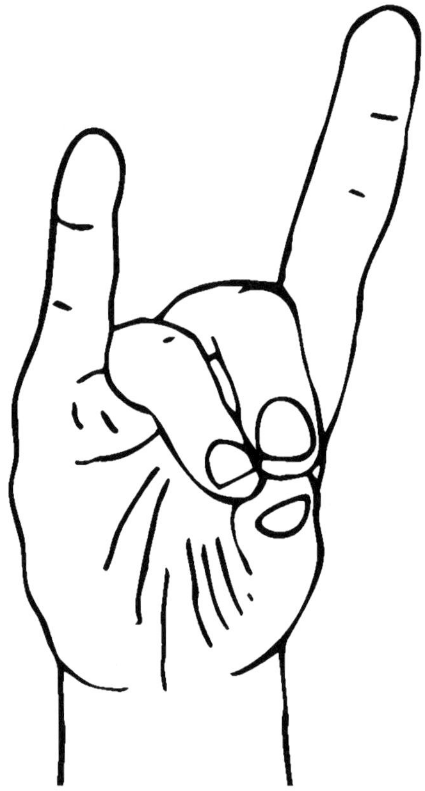

ISBN 978-3-8346-2978-4 | www.verlagruhr.de

Ich störe niemanden.

ISBN 978-3-8346-2978-4 | www.verlagruhr.de

Ich lache niemanden aus.

ISBN 978-3-8346-2978-4 | www.verlagruhr.de

Ich bleibe sitzen, bis die Lehrkraft mich zu etwas anderem auffordert.

ISBN 978-3-8346-2978-4 | www.verlagruhr.de

Ich komme leise in den Sitzkreis.

ISBN 978-3-8346-2978-4 | www.verlagruhr.de

Ich halte meinen Arbeitsplatz und den Klassenraum sauber.

ISBN 978-3-8346-2978-4 | www.verlagruhr.de

Ich stelle die Materialien an ihren Platz zurück.

ISBN 978-3-8346-2978-4 | www.verlagruhr.de

Ich habe meine Schulsachen dabei.

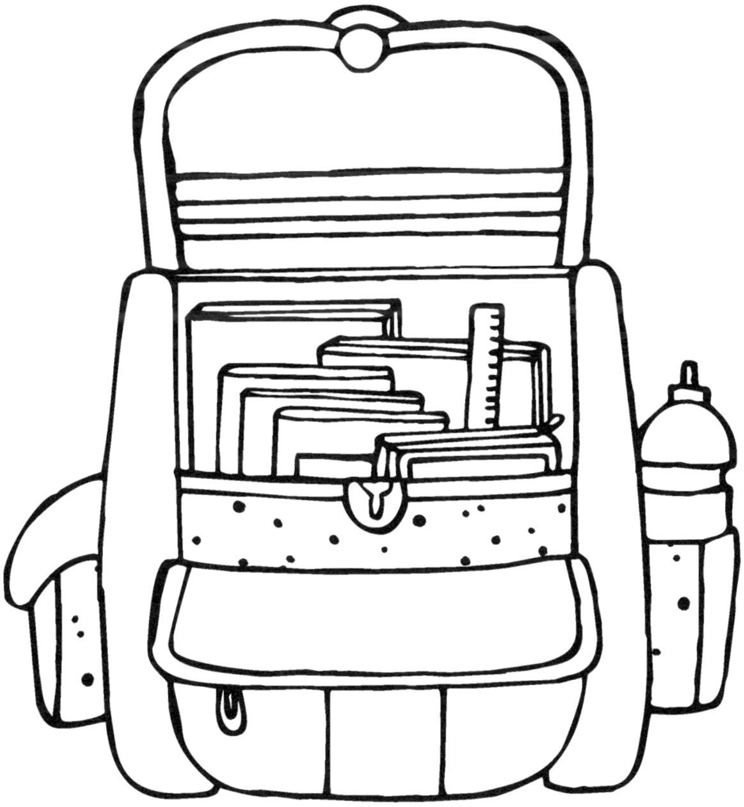

ISBN 978-3-8346-2978-4 | www.verlagruhr.de

Klassenregel: Meldehand

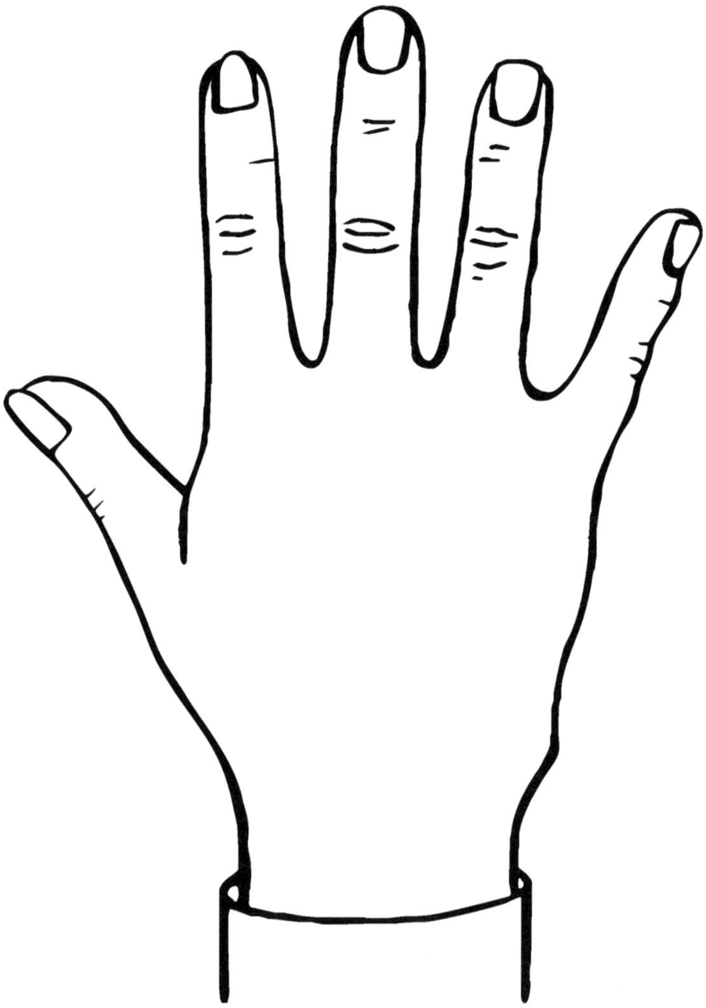

ISBN 978-3-8346-2978-4 | www.verlagruhr.de

Rituale

Pädagogische Begründung

Kinder brauchen Rituale – auch im schulischen Unterricht. Sie bieten Sicherheit und Schutz, vermitteln Stabilität und durch stetes Wiederholen werden erwünschte Verhaltensweisen als Lernziel gefestigt.

Tipps für die Umsetzung

Ein wenig haben Rituale etwas Festliches – lässt sich doch der Begriff mit „kultischer Brauch" übersetzen – und man mag, sehr vage, eine „**positive Kultur**" davon ableiten. Diese Besonderheit an wiederkehrenden Ereignissen mögen alle Kinder. Beinahe detailbesessen sorgen die Erstklässler dafür, dass z. B. beim Frühstück alles wie gewohnt passiert. Selbst diejenigen, die mit der Uhr noch nicht vertraut sind, wissen genau, wann sie ihre Brote herausnehmen dürfen.

Morgens oder nach der Pause treffen sich alle als Gruppe an einem bestimmten Ort, um **gemeinsam** (evtl. in Zweierreihen) **in den Klassenraum** zu gehen. Dort findet eine ruhige, geordnete Begrüßung statt.

Am **Montagmorgen** hat sich ein **Sitzkreis** bewährt. Hier kann jeder in zwei, drei Sätzen erzählen, was er am Wochenende erlebt hat. Berichten Sie von den Zielen der anstehenden Woche oder es wird gemeinsam ein Vorhaben, wie eine Geburtstagsfeier oder ein Ausflug, geplant.

Ein sogenannter **Redegegenstand**, z. B. ein beliebtes Plüschtier, sorgt für Fairness und Aufmerksamkeit im Kreis. Im ersten Schuljahr ist es passend, einen Gegenstand aus dem Inhalt der Fibel zu suchen. Diese Figuren sind beliebt und regen die Sprechmotivation an: „Ich kann mit … reden." Dies bringt auch sehr schüchterne Kinder in die Unterhaltung ein.

Nur wer den Redegegenstand in den Händen hält, darf etwas sagen. Er hat damit das ausschließliche Rederecht. Die Kinder fallen sich erfahrungsgemäß nicht mehr so häufig ins Wort, wenn sie auch sehen können, wer nun etwas sagt. Der Redegegenstand kann im Kreis weitergegeben werden oder mittels Handzeichen verlangt werden. Letzteres verleitet jedoch Kinder dazu, unaufgefordert aufzustehen, um den Gegenstand zu holen, zu bringen oder gar zu werfen.

In verschiedenen Gesprächstherapieformen der Erwachsenenwelt wird mit einem **Redekissen** gearbeitet. Das Weitergeben symbolisiert, „das Gespräch weiterzugeben" oder, übertragen gesagt, „den Ball zu werfen". Ein weiterer Vorteil eines Redegegenstandes ist die Möglichkeit, sich mit seinen Worten dahinter zu verstecken. So können auch unangenehme Gefühle beim Reden versteckt werden und es kann alles gesagt werden, wovon der Redner glaubt, es sagen zu müssen.

Ein regelmäßiger kurzer **Singkreis** dehnt nachgewiesenermaßen die Konzentrationsfähigkeit aus. Wenn Sie Lieder zum aktuellen Lernthema passend auswählen, wecken Sie in besonderem Maße die Aufmerksamkeit der Schüler für den Tag.

Das **gemeinsame Frühstück** vor der ersten Pause kann ebenfalls als Ritual gestaltet werden. Es sollte unter keinen Umständen ausfallen. Im Zweifelsfall ist es immer besser, eine Unterrichtssequenz zu verschieben, als Kinder ohne Frühstück und Getränk in den weiteren Tag zu schicken. Auch Essgewohnheiten werden letztlich nur zu guten oder schlechten durch Gewohnheiten.

Pausenregeln werden ritualisiert eingehalten: Die größeren Kinder nehmen Rücksicht auf die kleinen. Schulneulingen werden Viertklässler als „Paten" zur Seite gestellt, die ihnen alle Räumlichkeiten und Gepflogenheiten der Schulgemeinde zeigen.

Selbst das **Vorzeigen der erledigten Hausaufgaben** zu Stundenbeginn kann ritualisiert werden. Auf diese Weise werden die Aufgaben seltener vergessen.

Mit einem Ritual, jeden Morgen zwei **Helfer-Kinder** zu wählen, vielleicht aus einer Namenszettel-Box, wird den Schülern schon verdeutlicht, dass Schule sehr aktiv ist. Sie besteht nicht nur aus Sitzen, Schreiben und Zuhören, sondern jedes Kind kann und soll in jedem Bereich mitarbeiten: Jeder wird hier gebraucht. Die Klasse ist eine lebendige Gruppe. Jeder hilft jedem so viel wie nötig, aber so wenig wie möglich.
Helfer-Kinder können Milch holen, einen Geburtstagstisch decken, Blätter austeilen oder die Tafel wischen.

Die Schüler können die Notwendigkeit mit einer Auflistung der **Klassendienste** erarbeiten. Wie z. B. im Haushalt an der Pinnwand erkennen sie die Arbeiten, die zu einem guten Zusammenleben gehören.

Ein Beispiel:

Tafel wischen	Milch holen	Blätter verteilen	Blumen gießen
....	....	....	....
....	....	....	....
....	....	....	....
....	....	....	....
....	....	....	....
....	....	....	....
....	....	....	....
....	....	....	....

Verlässliche, gute Durchführung eines Helferdienstes über einen längeren Zeitraum, etwa vier Wochen, könnte zum weiteren Anreiz und dem gedanklichen Abschluss einer Aufgabe mit einer **Dank-Urkunde** belohnt werden (siehe S. 31).

Als **Wochenabschlussrunde am Freitag** in der letzten halben Stunde wünschen sich alle ein erholsames Wochenende im Stuhlkreis und lösen die Runde auf. So wird schon ritualisiert ein Abschalten eingeübt.
Das „Nicht-Abschalten-Können" wird erlernt als eine Angewohnheit. Ebenso ist es möglich, das „richtige Abschalten zur passenden Zeit" zu lernen.
Loslassen und Abschalten zur Pause können heute viele berufstätige Erwachsene nicht mehr. Sie produzieren deshalb **stressbedingte Krankheiten**. Die zukünftige Generation kann und sollte schon in den Schulen lernen, ihr Arbeitsleben mit ritualisierten Pausen zu gestalten.
„Stress? Ist nur eine schlechte Angewohnheit, er ist überflüssig wie die Geisterfurcht eines Kindes, und darum ist er eine sinnlose Verschwendung der Lebenskraft", schreibt Colin Wilson. *„Zwar wird der Stress durch die moderne Zivilisation gefördert, aber er ist kein typisches Zivilisationsleiden, er ist ein Leiden des Bewusstseins."*

(Wilson, Collin: Das Okkulte, März Verlag 1982)
Schicken Sie als Lehrkraft bewusst Ihre Schüler mit einem Ritual in die Wochenend-Pause. Schließlich wird ein schlecht geschriebenes Diktat nicht zu einem besseren, wenn ein Kind zwei Tage darüber nachdenken muss. Es wird eher ein folgendes Diktat nach einer angemessenen Ruhepause und ein bisschen Übung am Montag besser schreiben.

Auch für Sie als Lehrkraft wirkt sich ein ritualisierter, gedanklicher Schlussstrich positiv auf die Erholung aus, selbst wenn nach dem Entlassen der Schüler im Kollegium noch einiges zu besprechen ist.

Der Gefühlskreis

Großen Anteil an der Lernbereitschaft haben Gefühle. Traurige, wütende, negative und übergroße Gefühle behindern das Zuhören und die Mitarbeit. Der Umgang mit den Mitschülern ist von Gefühlen geprägt und Leistungen werden davon beeinflusst.

Kinder müssen lernen, sich über eigene Gefühle hinwegzusetzen für ein offenes, positives Lernklima. Wenn z. B. der Schulbus mit den besten Freunden morgens schon abgefahren war, als man zur Haltestelle kam, und man nun allein mit dem nächsten Bus fahren musste, sollte der Ärger darüber in der ersten Unterrichtsstunde verschwinden. Das zu schaffen, erfordert erst einmal, die eigenen Gefühle zu erkennen und zu beschreiben. Gemeinsam mit allen Gruppenmitgliedern gelingt das in der Runde. Sehr schüchterne Kinder könnten alternativ auch dem Redegegenstand eine Empfindung erzählen.

Im Gesprächskreis wird die Selbst- und Fremdwahrnehmung aus verschiedenen Blickwinkeln angeregt und gefördert. Zur Kommunikation gehören auch die Mimik und die Gestik, die im **Gefühls-Pantomimen-Spiel** (s. S. 30) trainiert werden.

Sinnvoll ist ein „rituelles Meeting" im Stuhlkreis in der **Wochenmitte**, um die Arbeit zu reflektieren oder Änderungen zu besprechen.

Hier passt, auch im Hinblick auf spätere Klassenratssitzungen, ein Gefühlskreis. Die Kinder können entweder pantomimisch oder mit vorgefertigten Bildern zeigen, wie sie sich fühlen. Die Gefühlsanlässe können eine Planänderung, Differenzen unter den Kindern oder auch einfach nur situativ sein. Dazu sitzen alle im Stuhlkreis. Anfangs reicht es aus, **Bildkarten für drei oder vier Gefühle** in die Kreismitte zu legen (siehe S. 32–33). Wenn die Kinder besser lesen können, sind Wortkarten (siehe S. 34–35) mit je einem Wort für ein Gefühl einsetzbar.
Hier das Beispiel einer Planänderung:
Am Mittwochmittag wird ein Stuhlkreis gestellt, um Pläne für die folgenden zwei Wochentage zu besprechen.
Die Lehrkraft fragt ein Kind nach seinem Gefühl, weil der geplante Spielplatzbesuch wegen der Erkrankung einer Begleitperson ausfallen muss. Das Kind geht in die Kreismitte und zeigt das Ärger-Kärtchen. Die Lehrkraft fragt nach, wer sonst noch Ärger verspürt. Einige Kinder fühlen eher Traurigkeit oder sogar Wut, weil sie nun nicht auf den Spielgeräten herumtoben können. Ein Schüler ist traurig über die Erkrankung der Begleitperson und ein weiterer sucht ein Bild für die Frage: *„Warum kann denn nicht ein anderer mit uns zum Spielplatz gehen?"*

Die Schüler erleben, dass **unterschiedliche Menschen** zu demselben Thema ganz **unterschiedliche Gefühle** empfinden. Mitschüler, die wissen, warum eines der Kinder gerade sehr wütend ist, werden keine persönlichen Streitmotive vermuten, wenn das Kind später auf dem Pausenhof keine Lust hat, wie gewohnt zu spielen.

Das **Ziel** des Gefühlskreises ist es, Gefühle zu erkennen, zu benennen und im sozialen Kontext damit umzugehen. Im weitesten Sinn wird dadurch die Achtung vor der Würde eines anderen Menschen gefördert. Sensibilität und Empathie werden geschult, passende Reaktionen können spielerisch eingeübt werden. Zudem wird der Wortschatz erweitert und differenziert. Die Schüler lernen, dass ihre Gefühle im Fachunterricht selbst keine große Rolle spielen sollen, damit das eigentliche Lernen ungehindert geschehen kann.

Gefühls-Pantomimen-Spiel

Im Pantomimen-Spiel treten zwei Kinder in den Kreis und spielen wortlos ein Gefühl, das sie vorher geheim abgesprochen haben. Die anderen Kinder müssen es erraten.

Das Spiel kann auch anders herum gespielt werden: Ein Kind spielt ein Gefühl mit Körpersprache und Geräuschen, das ihm zuvor ein Kreismitglied zugeflüstert hat. Auch hier sehen die Schüler wieder, dass andere Menschen ganz unterschiedlich Gefühle äußern: Nicht jeder weint bei Traurigkeit und nicht jeder ist ungeduldig, wenn er hungrig ist.

Die Kinder lernen, sich in ein Gefühl hineinzuversetzen, etwas nachzuempfinden. Ebenso lernen sie, Mimik und Gestik zu erkennen und einzusetzen, um sie später bei klarer Kommunikation zu nutzen. Zugleich wird Empathie geschult. Wertfreies Beschreiben eines Gefühls gelingt Kindern nicht immer, aber Erkennen und Akzeptieren des Gefühls eines Gegenübers sind wichtige Lernprozesse auf dem Weg zu demokratischem Miteinander.

Für so ein Spiel könnte auch ein größerer **Würfel aus Schaumstoff** im Werk- oder Kunstunterricht mit gefühlsausdrückenden Bildern (siehe S. 32–33) beklebt und in die Stuhlkreismitte geworfen werden.

Der Stein der Weisen

In den ersten Monaten der Schulzeit wird das Leben der Kinder komplett verändert. Neues Wissen bekommen sie nicht mehr nur auf Verlangen. Das heißt: Die vielbelächelten Warum-Fragen erhalten eine Antwort. Aber sie müssen sich auch Dinge merken, nach denen sie nicht gefragt hatten. Das sind auch schon mal Sachverhalte, die sie gar nicht wissen wollen.

Beispiel:
Lisa und Paul sollen Buchstaben von der Tafel abschreiben, wollen jedoch eigentlich viel lieber wissen, warum die Kreide so staubt, dass man nach der Stunde den Boden fegen muss. Sie versuchen, dem Unterricht zu folgen, ohne ihre Fragen zu stellen. Schließlich erlauben die Klassenregeln kein impulsives Reden zu einem ganz anderen Thema. Und dann fragt die Lehrkraft plötzlich nach, was das denn für Buchstaben seien, die da an der Tafel stehen. Die Schüler sind nun mit sich selbst nicht mehr zufrieden und wissen nicht, warum. Die Lehrkraft bemerkt dies an der Unkonzentriertheit, zuweilen an der Bewegungsunruhe der Kinder.

Aus einer solchen Situation kann ein spontaner Stuhlkreis mit einem **Ruhespiel** heraushelfen: Jedes Kind im Stuhlkreis bekommt einen Handschmeichler-Stein, einen sehr glatt geschliffenen Stein. Es umfasst diesen mit beiden Händen und nach drei oder vier tiefen Atemzügen, aufrecht sitzend, versucht es, zu hören, ob der Stein etwas sagt. Fragen Sie nach zwei bis drei Minuten die Schüler der Reihe nach, was sie an den Steinen bemerkt und von ihnen gehört haben. Sicher werden einige sagen: *„Der Stein wurde so warm wie meine Hände und meinte, ich solle doch besser aufpassen. Dann kann ich nachher fragen, warum Kreide staubt."*

Wenn mehr Zeit übrig ist, kann ein einziger Stein für je eine Minute an die Kinder in der Runde weitergegeben werden.

Es besteht kein Zwang für die Kinder, etwas laut zu sagen. Wer nicht möchte, der sagt nichts. Natürlich werden die Steine nicht sprechen, aber die Aufmerksamkeit ist wieder hergestellt.

Nebenbei sei erwähnt, dass diese Übung bei ADHS-Kindern gute Erfolge zeigt. Solche Steine gibt es in vielen ansprechenden Farben und Mustern sehr preiswert auf Flohmärkten oder in Modeschmuckgeschäften zu kaufen.

Dank-Urkunde

Urkunde
für gute Klassenhelfer

verliehen am ....

für..

Danke sehr
von uns allen

Datum ....

Lehrer/in ....

ISBN 978-3-8346-2978-4 | www.verlagruhr.de

Bildkarten: Gefühle (1/2)

Ich bin wütend.

Ich bin glücklich.

ISBN 978-3-8346-2978-4 | www.verlagruhr.de

Bildkarten: Gefühle (2/2)

Ich bin traurig.

Ich bin müde.

ISBN 978-3-8346-2978-4 | www.verlagruhr.de

Wortkarten: Gefühle (1/2)

glücklich	zufrieden
freudig	begeistert
stolz	aufgeregt
erleichtert	unbeschwert
ruhig	erwartungsvoll
erschrocken	unruhig

ISBN 978-3-8346-2978-4 | www.verlagruhr.de

Wortkarten: Gefühle (2/2)

verärgert	nervös
ängstlich	beleidigt
traurig	enttäuscht
getäuscht	hilflos
gelangweilt	gereizt
stinksauer	ratlos

ISBN 978-3-8346-2978-4 | www.verlagruhr.de

2 Der Klassensprecher

Pädagogische Begründung

Der erste, oberste Grund für eine freie Wahl von Gruppenvertretern, in unserem Fall Klassensprechern, liegt im akzeptierenden **Wissen um menschliche Individualität**.
Jede Person/jedes Kind, unabhängig von sozialer Herkunft, Bewusstsein oder Lernfähigkeit, wird an einem bestimmten Punkt abgeholt, um es in eine Gemeinschaft zu führen, in der es mitbestimmen kann. Hier gibt zwar eine Richtnorm – die Schulreife – einen gewissen Entwicklungsstand vor, jedoch wird an diesem Punkt auch die Einzigartigkeit sichtbar.

Jedes Kind hat **gleiche Rechte**, aber unterschiedliche Kompetenzen, sie einzufordern. Über den Klassensprecher können viele unterschiedliche Wünsche, Bedürfnisse und Stimmen gleichförmig zielgerichtet verfolgt werden.

Es darf nicht unerwähnt bleiben, dass Sie als Lehrkraft auch das Recht auf die gute, **störfreie Durchführbarkeit** Ihrer Arbeit haben. Ein Gespräch über kleinere Notwendigkeiten ist mit einem einzelnen Kind wesentlich ruhiger und entspannter als mit 25 Kindern. Der Klassensprecher vertritt die Interessen aller Schüler einer Klasse. Er kann auch Informationen von Ihnen (z. B. in der Pause) an die Mitschüler weitergeben, wenn etwa die Schüler auf dem Pausenhof heruntergefallene Blätter für das Basteln sammeln sollen. Wenn auch nur in geringem Maße, so kann dies schon eine Entlastung für Sie sein.

Lehrkräfte nehmen Kinder zu Schulbeginn nicht mehr in ihre Obhut, um nur „Schulbildung" zu vermitteln, sondern um schon von Anfang an **Leben zu lehren**. Das beinhaltet auch das Einüben von Demokratiekompetenzen mit dem Ziel politischer Mündigkeit. Mitbestimmen von Anfang an reift und etabliert sich parallel zu allen sozialen Kompetenzen.

Gemäß dem schönen alten Sprichwort „Was Hänschen nicht lernt, lernt Hans nimmermehr" ist gerade **demokratisches Verhalten als Charaktereigenschaft** für das ganze, weitere Lernen unentbehrlich.

Mit dem Schulbeginn fängt das **„gesellschaftliche Zusammenleben"** an. – Doch damit beginnen auch die Probleme. Schule ist das Trainingsfeld für Gesellschaft, mit all ihren Spannungsfeldern, Strukturen, ihrem Wandel, den Möglichkeiten und Fragen nach Toleranzgrenzen. Den meisten Schülern ist nicht einmal das Limit der eigenen Toleranz bewusst. Um wie viel interessanter ist es doch, die Grenzen der Mitschüler und der Lehrkräfte zu erkunden: Ihr Verhalten ist prädestiniert für Konflikte.

Wenngleich alle Kinder schon zur Schule gehen dürfen, kann doch ein Kind schon etwas rechnen, eines fünf Buchstaben schreiben und ein weiteres kennt schon ein englisches Wort. Allen gemeinsam ist die neue Umgebung der Schule. Dennoch erfühlen die Kinder selbst an diesem Ort ihre **Eigenartigkeit**.

Eigenartig
wie das Wort eigenartig
es fast als fremdartig hinstellt
eine eigene Art zu haben

(Fried, Erich: Die Freiheit den Mund aufzumachen, 1991)

Mit der Wahl eines Klassensprechers erleben die Kinder eine wichtige **demokratische Gruppenerfahrung**: Die Vielfalt von Eigenartigkeiten muss in eine für alle akzeptable Gemeinsamkeit geführt werden. Jede Stimme ist wichtig, ganz egal, was der Sprecher schon kann oder nicht kann, ob er eine Behinderung hat oder eine andere Hautfarbe. Die individuelle Entwicklung von Teamfähigkeit bekommt bedeutende Impulse.

Die Konsequenz einer Entscheidung wird direkt erfahren, z. B.:

- *„Wenn ich meine Stimme für Paul abgebe, wird er für mich mit der Lehrkraft reden, wenn mir etwas nicht passt."*
- *„Wenn ich mich zum Klassensprecher wählen lasse, kann ich mit der Lehrkraft einen Plan für uns alle besprechen."*

Zudem wird **Verantwortungsgefühl** für eine Gemeinschaft erkennbar – ob man Verantwortung übernehmen möchte oder auch mal gerade nicht.

Um unter demokratischen Verhältnissen zu lernen, muss **Demokratie** erlebt werden – in der Politik genauso wie im gesamten pädagogischen Bereich. Das Mitbestimmen über Klassensprecher zeigt Schülern, wie das Mitwirken eines Bürgers im demokratischen Staat funktionieren kann. Im offenen, respektvollen Umgang mit kultureller und sprachlicher Vielfalt erleben auch Kinder aus anders regierten Ländern Demokratie. Klassensprecher und Vertreter sind genauer betrachtet schon erste Vorreiter frei gewählter Repräsentanten.

Lernziele

Eine der großen Aufgaben der Institution Schule ist nach § 2 Art. 2 des Schulgesetzes NRW: „… die **Bereitschaft zum sozialen Handeln** wecken …"

Ein Grobziel ist das Lernen der **Sprache als Mittel des Ausdrucks**. Innerhalb bestimmter Positionen fällt es (nicht nur Kindern) leichter, eine eigene, soziale Sprache zu erarbeiten. Sicher sollte ein Klassensprecher in verstehbaren Sätzen z. B. Probleme einzelner Kinder an die Lehrkraft weitergeben können, aber gerade die Rolle eines Klassensprechers motiviert das Kind dazu, Sprache zu entwickeln und sich ihrer Wirkung bewusst zu werden.

Mit der Klassensprecherrolle lernen Kinder erst, die Rolle des Sprechers von der des Hörers deutlich zu unterscheiden. Sie erleben die **Wertigkeit des Zuhörens** als etwas Selbst-Gewolltes: *„Ich höre nicht zu, weil der Lehrer es von mir verlangt, ich höre jetzt zu, weil ich wissen will, was mein von mir ausgesuchter Vertreter zu sagen hat."*
Und: *„Ich gebe jetzt nicht etwa eine Antwort auf eine Frage im Unterricht, ich sage etwas, weil es* ***mir*** *wichtig ist. Gleichzeitig kann ich die Regel einhalten, nur zu bestimmter Zeit zu sprechen."*

Meist hat sich nach wenigen Wochen im ersten Schuljahr herauskristallisiert, wo bei welchem Kind bestimmte **soziale Kompetenzen** liegen. Sicher gibt es bei einigen auch ältere Geschwister oder Freunde, die Klassenerfahrungen weitergegeben haben.
Die Position eines Klassensprechers ist den meisten Kindern bekannt. Vielleicht wurden Sie schon danach gefragt, wann denn endlich auch in der neuen Klasse gewählt werden wird.

Spätestens jetzt muss erst einmal verständlich gemacht werden, was ein Klassensprecher **nicht** ist: nämlich eine Art „Rudelführer" nach dem Motto: *„Alle machen auf dem Schulhof das, was ich will."*
Für Kinder mit ausgeprägt anziehender Persönlichkeit ist die Klassensprecherrolle eine gute Chance, diese Stärke in eine Richtung zu lenken, die soziale Vorteile für die Gemeinschaft erwarten lässt. Als Vertreter des Klassensprechers sind sie zu **Teamfähigkeit** genötigt.
Jedoch muss eine Lehrkraft gut überschauen, ob die übrigen Schüler einer starken Persönlichkeit folgen möchten oder sie sich möglicherweise ausgeliefert fühlen.
Aus diesem Grund ist es bei den ersten Wahlen legitim, zu den Vorschlägen der Schüler für Klassensprecheranwärter nachzufragen: *„Seid ihr sicher? Wollt ihr wirklich alle X als Wahlkandidat?"* oder: *„Weißt du sicher, dass du dich für dieses Amt zur Verfügung stellen würdest?"*

Auch die von vielen vertretene Meinung, ein Klassensprecher sollte ein besonders guter Schüler sein, ist fragwürdig. Gute Leistungen in Deutsch und Mathematik sagen noch nichts über die Teamfähigkeit oder die Zuverlässigkeit eines Menschen aus.

Lernziele im Überblick:

- Gespräche führen, Training der freien Rede, z. B. beim Vortragen von Informationen
- eigene Gedanken formulieren, z. B. über Wünsche oder Anregungen erzählen
- Darstellung des erworbenen Wortschatzes, z. B. passende Wörter finden
- erarbeitete Kompetenzen demonstrieren, z. B. vor oder in der Gruppe ein Gespräch moderieren (organisieren)
- Grundwissen anwenden, Information weitergeben, z. B. allgemein anerkannte Gesprächsregeln beachten
- weitgehend selbstständige Durchführung einer Projektarbeit, z. B. eine weitere Klassensprecherwahl planen und durchführen
- Fähigkeit, Bedürfnisse und Wünsche mündlich zu äußern, Schritte zur Verwirklichung einzuleiten
- Sprechstrategien erlernen und anwenden, z. B. *„Wie formuliere ich etwas so genau, dass ich die Erfüllung meines Wunsches erreiche?"*
- Training des mündlichen Sprachgebrauchs im vorbereitenden Dienst der Schriftsprache
- Ermunterung zu bewusstem Sprachhandeln, Förderung der Freude am selbstständigen Umgang mit Sprache
- Anbahnung sozialer Kompetenzen zum achtsamen Miteinander: *„Wenn ich meinen Freund immer zuerst reden lasse, sind alle anderen enttäuscht."*

Aufgaben, Rechte und Pflichten eines Klassensprechers

Grundsätzlich gibt es **nicht in allen Bundesländern einheitliche Vorgaben** für dieses Amt, aber einige zuständige Schulministerien geben entsprechende Broschüren heraus. Es empfiehlt sich, dort nachzufragen.

Die gesetzlichen Grundlagen für die Aufgaben eines Klassensprechers sind in den meisten Bundesländern ab Klasse 5 geregelt, z. B. im Schulgesetz Baden-Württemberg (§ 65):

„(1) Von Klasse 5 an wählen die Schüler jeder Klasse aus ihrer Mitte zu Beginn des Schuljahres einen Klassensprecher und seinen Stellvertreter.

(2) Der Klassensprecher vertritt die Interessen der Schüler der Klasse und unterrichtet die Klassenschülerversammlung über alle Angelegenheiten, die für sie von allgemeiner Bedeutung sind."

Dennoch ist es natürlich von Vorteil, bereits in der Grundschule über die Wahl eines Klassensprechers die Grundformen von Demokratie einzuüben.

Die **Schulverfassung** gibt die Grundregeln der schulspezifischen Schülermitverwaltung, zu welcher das Klassensprecherdasein gehört, vor.

Alle Schüler, auch die kleineren, sollten die **Aufgaben eines Klassensprechers** lesen oder hören (siehe Vorlage S. 46). Ein gewählter Klassenvertreter sollte eine vollständige Liste hierüber bekommen. Farbiges Papier unterstreicht die Wichtigkeit solcher Qualitäten und wird in der Regel auch sorgfältig behandelt.

Tipps für die Umsetzung einer Klassensprecherwahl

Es entspricht dem Auftrag der Schule, Demokratie zu lehren und kindgerecht zu vermitteln. Voraussetzung ist, dass die Schüler zentrale Aussagen über das Thema verstanden haben und eigene Gedanken dazu wiedergeben können. Sie können dies im Gespräch erfahren und gegebenenfalls korrigieren oder ergänzen.

In der **zweiten Hälfte des ersten Schuljahres** kennen sich die Kinder untereinander gut genug, um die jeweiligen Kompetenzen für den Augenblick einzuschätzen. Eine Wahl sollte in den ersten zwei bis drei Wochen des Schuljahres/Schulhalbjahres stattfinden.

Die meisten **Kinder in Klasse 1** kennen zumindest die ersten drei oder vier Buchstaben ihres Vornamens und können diese nach den ersten Monaten in der Schule schreiben. Es bietet sich eine geheime Wahl mittels Zetteln mit diesen ersten Buchstaben an.

Sehr demokratisch ist es, zunächst alle Kinder in einem ersten Wahlgang um **Vorschläge** zu bitten. Dieses Vorgehen ist jedoch nur sinnvoll, wenn es bisher keine Außenseiter in der Klassengemeinschaft gibt. Die Tatsache, gar nicht gewählt zu werden oder eine ablehnende Antwort zu erhalten, würde das Selbstwertgefühl eines Kindes sehr beschädigen. Ablehnung und Ausgrenzung zu erleben, ruft Aggressions- und Gewaltpotenziale hervor, die es zu vermeiden gilt. In solch einer Situation ist es sinnvoller, vor der Wahl zu fragen, wer sich denn gern als Anwärter zur Verfügung stellen möchte.

Für einige **schüchterne Kinder** ist es wünschenswert, dass sie einmal eine Klassensprecherposition innehaben. In diesem Fall können Sie später versuchen, Einfluss zu nehmen, etwa in einem Gespräch auf dem Pausenhof. Zurückhaltende Schüler arbeiten gern mit einem Partner zusammen, der anleiten oder beistehen kann. Auf dem Schulhof wird deutlich, mit wem ein solches Kind sich gern beschäftigt. Sie könnten diesen beiden eine Gemeinschaftsarbeit als Klassensprecher vorstellen.

Sehr zaghafte Kinder halten sich meist aus Differenzen zwischen spielenden Mitschülern heraus.
Ein passender Anlass wäre eine Streitigkeit in der Pause. Sie könnten das unbeteiligte, ruhigere Kind ansprechen: *„Du bist eigentlich immer friedlich und zankst gar nicht mit deinen Klassenkameraden. Es scheint, als hättest du stets den Überblick. Das sind doch ideale Voraussetzungen, einmal Klassensprecher zu werden. Du könntest dich zum Üben mal als Vertreter wählen lassen."*

Die **Aufgaben des Klassensprechers** sind sehr vielschichtig (siehe S. 46). Leseanfänger sind damit noch überfordert. Für die ersten Monate können Sie wichtige Punkte – nach individuellem Ermessensspielraum – auswählen. Auch darüber könnte die Klassengemeinschaft diskutieren. Wenn Sie für jeden Satz, mit dem zu Beginn gearbeitet werden soll, ein Bild an die Tafel hängen/malen, müssen die Kinder sich nur ein paar (vielleicht 4–5) Bilder merken (siehe Vorlagen S. 47–52). In Verbindung mit einer Zahl gelingt das den meisten Kindern schon ganz gut.

Erarbeiten Sie nun mit den Kindern die **Grundsätze einer demokratischen Wahl**:

- Jede Wahl sollte geheim stattfinden. So wird Gruppenzwang ausgeschlossen.
- Das Wählen geschieht freiwillig, eben demokratisch.
- Das „Zur-Wahl-Stellen" obliegt der Freiwilligkeit, jeder entscheidet das selbst.
- Jeder hat nur eine Stimme/nur einen Wahlzettel. Alle Zettel sind gleich.
- Eine verschlossene Wahlurne wird benutzt.
- Wahlhelfer sollen wählen, dürfen sich selbst aber nicht zur Wahl stellen.

Erklären Sie, dass nur richtig ausgefüllte Wahlzettel gültig sind. Unsinnig beschriebene, falsch ausgefüllte Blätter minimieren die Gesamtzahl der möglichen Stimmen für einen Kandidaten. Unter Umständen werden mit dem Wegfall der ungültigen Wahlzettel eben die Schüler gewählt, die man nicht wählen wollte.

Genauso ist es möglich, nicht an einer Wahl teilzunehmen, also sich der Stimme zu **enthalten**. Auch sehr junge Schüler müssen wissen, dass sie damit ursächlich **ihre** Demokratie aufgeben.

Es gibt ordnungsgerecht je einen **Wahlgang** für den Klassensprecher und einen für dessen Vertreter. Die Namen der Kinder, die sich zur Wahl stellen möchten, werden an die Tafel geschrieben.

Die **Wahlkandidaten** stellen sich namentlich vor und erläutern ihren Mitschülern, warum sie gern für die Klasse sprechen, für die Klasse da sein möchten. Dies kann zwanglos aus der Runde entstehen oder alle Interessenten kommen an die Tafel. Mit dem Wiederholen der Anforderungen in freier Rede zeigen sie, dass sie sie verstanden haben.

Jetzt wird auch von der Gruppe gemeinsam entschieden, ob bei **Stimmengleichheit** ein zweiter Wahlgang komplett oder nur mit den „Spitzenreitern" durchgeführt wird.

Suchen Sie einen Wahlhelfer aus und verteilen Sie die **Stimmzettel** (siehe Vorlage S. 53). Jedes Kind schreibt – soweit es dies kann – den Namen des Schülers darauf, den es gern als Klassensprecher und Vertreter sehen würde.

Das Helferkind geht mit der **Wahlurne** (vielleicht ein vorbereiteter verschlossener Schuhkarton) durch die Klasse. Jeder Schüler gibt den durch Falten verschlossenen Stimmzettel in die Urne. Vor den Augen aller Beteiligten wird die Urne vom Wahlhelfer geöffnet.

Übernehmen Sie gemeinsam mit dem Wahlhelfer das Auszählen: Unter jeden gewählten Namen wird ein Zählstrich notiert.

Alexander	Lisa	Johannes	Anna	Mira
II	~~IIII~~ I	~~IIII~~ II	IIII	II

Die Schüler sollen von Beginn an bei einer Wahl – wofür auch immer – **regelrechte Bedingungen** vorfinden. Zwar können in den Klassenzimmern keine Wahlkabinen aufgestellt werden, aber auf jeden Fall ist auch hier, vielleicht mit ausreichenden Sitzabständen, der Schutz der Privatsphäre zu beachten. Auf diese Weise ritualisierte Handlungen unterstreichen ihren Wert, „sie bürgern sich ein". Eine Wahl ist sehr privat und unterliegt dem Datenschutz (Kinderrecht).

Die **Ritualisierung** unterstützt auch das Pflichtbewusstsein für regelmäßige Beteiligungen an den politischen Wahlen im Erwachsenenleben. Je früher Kinder bemerken, dass es willkommen ist, sich selbst mit einer Wahlstimme einzumischen, umso eher mischen sie auch als Jugendliche und Erwachsene in der Demokratie mit.

Da die Wahl geheim ist, werden die Stimmzettel nach jedem Wahlgang von einer „übergeordneten" Person, eventuell der Schulleitung, geprüft und gemeinsam mit dem Wahlhelfer vernichtet. Das **Wahlergebnis** wird mit dem Namen des Prüfers festgehalten. Es könnte ein Buch hierfür angeschafft werden, das später auch zu Klassenratszwecken hilfreich ist. Damit wird es ein durchgehendes Arbeitsbuch zur demokratischen Entwicklung der Klasse.

Lesen Sie abschließend noch einmal die **Aufgabenliste eines Klassensprechers** vor. Dieser bekommt eine Liste ausgehändigt.

Beispiel einer Stundenplanung zur Klassensprecherwahl ab Klasse 1

Fach: Sachunterricht, Deutsch, Sprache
(Bei der ersten Wahl wird sicher etwas mehr Zeit, ca. eine Doppelstunde, benötigt. Später sollte eine Unterrichtsstunde ausreichen.)

Zeit	Phase	Verlauf	Sozialform/Material
ca. 10 Min.	Begrüßung	■ Begrüßung der Kinder ■ Vorstellen des Themas der bevorstehenden Stunde ■ Auswählen eines Kindes, welches die Rolle des Wahlhelfers einnimmt ■ Bitte an die Kinder, in den Sitzkreis zu kommen	Plenum
ca. 35 Min.	Hinführung	■ Erklärungen zu Eigenschaften und Pflichten des Klassensprecher-Amtes anhand der Textvorlage und der Bildvorlagen ■ gemeinsames Gespräch: *„Wer möchte sich zur Verfügung stellen? Wen würdest du gern im Amt sehen? Warum?"* ■ Kandidaten stellen sich vor ■ Notieren der Namen an der Tafel	Sitzkreis Textvorlage: „Aufgaben und Pflichten eines Klassensprechers" (S. 46) Bildvorlagen (S. 47–52) Tafel
ca. 15 Min.	Umsetzung	■ Vorstellung der vorbereiteten Wahlzettel ■ Wahlhelfer verteilt Wahlzettel ■ Wahlzettel geheim ausfüllen lassen ■ Wahlhelfer sammelt Zettel ein ■ Auszählen der Wahlergebnisse an der Tafel	Plenum Wahlzettel (S. 53) Tafel
ca. 10 Min.	Abschluss-runde	■ Bekanntgabe des Ergebnisses ■ *„Nimmst du die Wahl an?"* ■ Gratulation und offizielle Bestätigung ■ möglicherweise Zustimmung der Schulleitung	Plenum

Selbstständige Organisation einer Wahl

Etwa ab dem dritten Schuljahr sollten die Schüler eine Wahl soweit selbstständig durchführen können, dass Sie sich auf Moderationshilfen beschränken können. Übertragen Sie die Organisation an die Schüler. Der bisherige Klassensprecher kann bei oder auch mit der Lehrkraft die Stimmzettel und sonstigen Materialien besorgen und regelt klare Absprachen zu Zeit und Ort der Wahl. Er berichtet der Klasse von den Erfahrungen mit diesem Amt. Was konnte für die Klasse erreicht werden? Was wurde in der Klasse erreicht? Was hat er persönlich dabei gelernt? Was kann oder müsste anders laufen? Was empfiehlt er seinem Nachfolger?
Wer möchte sich nun zur Wahl stellen?

Möchte die Klasse **eine Checkliste** zur Erleichterung erstellen? Darauf werden der Ablauf des Wahlprozesses und die demokratischen Rollen in der Klassengemeinschaft erläutert.
Gibt es Probleme und Ideenvorschläge für das kommende Schuljahr? Diese sollte der zukünftige Klassensprecher gemeinsam mit dem Vertreter bearbeiten können. Das könnte folgendermaßen aussehen:

1. *Wer möchte die nächste Klassensprecherwahl organisieren?*
2. *Wann soll sie stattfinden?*
3. *Wer wird mit mir die Wahlurne und die Wahlzettel besorgen/kopieren?*
4. *Ist es überhaupt eine Aufgabe des bisherigen Klassensprechers?*
5. *Wann wird der Klassensprecher euch von seinen Erfahrungen mit diesem Amt berichten?*
6. *Gibt es für die neue Amtszeit etwas Besonderes zu beachten?*
7. *Wer möchte Wahlhelfer sein?*
8. *Wer möchte sich zur Wahl stellen?*

Im Vorfeld, z. B. während der ersten zwei Wochen nach den Ferien, könnten die Schüler schon einen kleinen **Wahlkampf** veranstalten. Sie können in der Pause Interessengruppen auf dem Schulhof bilden. Die jeweiligen Mitglieder stehen den anderen Schülern zum Gespräch zur Verfügung.

Beispiel:

Zur Klärung der Modalitäten eines Wahlkampfes wäre eine Unterrichtstunde im Sachkundebereich anzusiedeln. Die Schüler können dafür Wörter unter vorgegebenem Aspekt für informierende Texte sammeln.

Nebenbei geschieht ein **Rückblick** auf einen vergangenen Jahresabschnitt. Sowohl Sie als auch die Schüler bekommen ein Feedback zu Geleistetem. Zudem können Sie etwas über das bisher gelernte Demokratieverständnis einzelner Schüler erfahren. Setzen Sie sich als Gruppenmitglied in den hinteren Teil der Klasse und beobachten Sie die Schüler. Sie können sich auch in die Nähe **schüchterner Kinder** setzen und versuchen, sie bei den Wahlvorschlägen sanft zu beeinflussen, z. B.: *„Wäre das nicht auch mal etwas für dich? Melde dich doch einfach mal."* oder: *„Du wolltest doch neulich so gern ein Ausflugsziel vorschlagen. Versuche doch einmal als Klassensprecher oder Vertreter, mit deiner Freundin gemeinsam mehr Wortgewicht bei den anderen zu erreichen."*

Es wird sichtbar, wo welcher Schüler **besondere Fähigkeiten und Interessen** entwickelt hat. Das gesamte Sozialverhalten der Kinder im Klassenverbund – Wer redet unaufgefordert? Wer hört nicht zu? Wer spricht mit seinem Tischnachbarn? – lässt sich beobachten, um es möglicherweise zukünftig in Bezug auf Demokratiekompetenzen zu unterstützen. Zudem können Sie Schlüsse ziehen für die spezifische Förderung einzelner Schüler.

Um gute, funktionierende demokratische Mitbestimmung in der Schule zu fördern, ist es wichtig, von Anfang an auch die **Elternschaft** mit einzubeziehen. Ausführliche Informationen zum Wahlergebnis der Klassensprecher gehören dazu. Es gibt immer wieder Eltern, die ihre Kinder in ihren Ämtern unterstützen möchten. Sie können anfangs bei Klassensprechertätigkeiten und bei der Aufarbeitung versäumten Unterrichts helfen oder beim Leseverständnis themenbezogener Informationsschriften beistehen.

So sehen auch **nichtdeutsche Eltern** eine Notwendigkeit ihrer eigenen Integration als ganze Familie. Leider sind es häufig immer noch Eltern, die mit der deutschen Sprache nicht vertraut sind. Sie sollten mit Hinweisen und viel Aufklärung angeregt werden, sich mit der Sprache des Landes auseinanderzusetzen. Demokratie zu leben erfordert auch, die entsprechenden Vokabeln zu kennen. Denn eigentlich wollen auch diese Eltern ihre Kinder unterstützen.

Fast alle Grundschulklassen besitzen einen Klassencomputer. Gängige Übersetzungs-**Computerprogramme** übersetzen die Liste der Klassensprechertätigkeiten beinahe problemlos in viele **Sprachen**. Sie muss nur einmal in den Computer eingegeben und gespeichert werden. Solche Arbeiten erledigen auch gern die Elternpflegschaftsvertreter am Elternabend. So ist für jeden Vertreter einer Sprache in wenigen Minuten eine Übersetzung zum allseitigen Verständnis geschaffen.

Zudem leben inzwischen auch Migrantenfamilien in unserem Land, in deren Heimat die Existenz und die Position von Klassensprechern nicht bekannt ist. Auch auf diesem Feld muss die Schule sich einbringen. **Aufklärungsarbeit ist demokratisch begründete Pflicht**. Migranten kommen in unser Land, weil es hier eine demokratische Regierungsform und demokratisches Miteinander gibt.

Aufgaben und Pflichten eines Klassensprechers

Ein Klassensprecher …

- muss zuverlässig sein
- soll nett und freundlich sein
- muss fair zu allen sein und darf niemanden bevorzugen
- ist Ansprechpartner für alle Schüler der Klasse (zum Beispiel bei besonderen Wünschen zum Unterricht, bei Feieranlässen, bei Streitereien, Problemen oder Uneinigkeiten)
- vertritt alle Kinder der Klasse vor der Lehrkraft, vor anderen Klassen und Lehrern, vor Eltern (unter gewissen besonderen Umständen auch vor der Schulleitung)
- beruft selbstständig eine Klassenversammlung ein
- vermittelt bei Uneinigkeiten einzelner Kinder
- sollte die eigenen Grenzen erkennen können, das heißt: Probleme auch mal an die Lehrkraft weiterzugeben
- sollte kleine Probleme erkennen können, wenn zum Beispiel die Lehrkraft nicht pünktlich zum Unterricht erscheint, im Sekretariat nachfragen oder ein Klassenmitglied damit beauftragen
- sollte bereit sein, wegen Klassensprecherangelegenheiten versäumten Unterricht aufzuarbeiten
- sollte bereit sein zum Treffen mit allen Klassensprechern der Schule (= Schülerrat; diese Versammlungen finden in der Regel alle 4–6 Wochen statt und können ab Klasse vier eingeübt werden. Die Leitung hat der Schulsprecher. Es werden klassenübergreifende Anliegen, wie etwa eine Schülerzeitung oder ein Sommerfest, besprochen. In den meisten Schulen wird diese Runde von einem festen Verbindungslehrer betreut.)

ISBN 978-3-8346-2978-4 | www.verlagruhr.de

freundlich sein

zuverlässig sein

ISBN 978-3-8346-2978-4 | www.verlagruhr.de

Ansprechpartner für alle Kinder sein

ISBN 978-3-8346-2978-4 | www.verlagruhr.de

zu allen gleich fair sein, niemanden bevorzugen

ISBN 978-3-8346-2978-4 | www.verlagruhr.de

alle Kinder der Klasse vertreten

ISBN 978-3-8346-2978-4 | www.verlagruhr.de

einen angenehmen Wortschatz haben

ISBN 978-3-8346-2978-4 | www.verlagruhr.de

Klassensprecherwahl: Stimmzettel

Stimmzettel
für die Wahl zum Klassensprecher der Klasse ....

Mädchen	Jungen
....	....
....	....
....	....
....	....

Stimmzettel
für die Wahl zum Klassensprecher der Klasse ....

Mädchen	Jungen
....	....
....	....
....	....
....	....

Stimmzettel
für die Wahl zum Klassensprecher der Klasse ....

Mädchen	Jungen
....	....
....	....
....	....
....	....

ISBN 978-3-8346-2978-4 | www.verlagruhr.de

3 Der Klassenrat

Begriffsklärung und Grundlagen

Definition

Der Klassenrat ist eine regelmäßig stattfindende, zeitlich begrenzte Gesprächsrunde, in der sich Schüler und Klassenlehrkraft gemeinsam mit konkreten Anliegen der Klassengemeinschaft, wie Ausflüge, Projekte, Dienste oder Organisationsfragen, Regeln, Probleme oder Konflikte, beschäftigen und dafür möglichst einvernehmliche Lösungen finden.

Die Vorreiter der Klassenratspraktik

Folgend sind die wichtigsten Urheber und Vertreter dieser Art von Schülerversammlungen genannt. Dabei ist festzustellen, dass der Klassenrat als solcher gar nichts Neues ist. Schon vor nahezu 100 Jahren wurde der demokratische Weg der Mitbestimmung erfolgreich beschritten.

- **Celestin Freinet** (1896–1966) reformierte mit seiner Ehefrau Elise (1898–1983) um 1920 die Pädagogik in eine Richtung, die es den Schülern ermöglichte, selbstbestimmter zu lernen. In der Bewegung „Lehrer helfen Lehrern" („Coopérative de l'Enseignement Laïc") wurden Materialien erarbeitet, mit denen die Schüler sich auseinandersetzten, um eigenständig Erfahrungen zu sammeln. Damit ersetzte Freinet den lehrergelenkten Unterricht. Im Gremium Klassenversammlung bestimmten die Schüler, was sie lernen wollten, mit wem, wie lange sie für ein Thema arbeiteten, um abschließend ihr Ergebnis der Klasse vorzutragen. Die Klassenzimmer wurden in themenorientierte Räume geteilt. Verschiedene Klassen tauschten untereinander Materialen aus. Es entstand klassenübergreifendes Lernen.

  Die statuierten Grundsätze von Freinets Pädagogik sind:
  1. Freie Entfaltung der Persönlichkeit
  2. Kritische Auseinandersetzung mit der Umwelt
  3. Selbstverantwortlichkeit des Kindes
  4. Zusammenarbeit und gegenseitige Verantwortlichkeit

  Mit dem 4. Grundsatz, der heute ohne besondere Erwähnung praktiziert wird, wurde ein Grundstein für Demokratisierung in der Schule gelegt. In den Klassenversammlungen wurden Wünsche und Themen für die Arbeiten und deren Organisation wie auch Lösungen für Probleme oder Konflikte besprochen. Bis heute verbreitet sich die „Freinet-Pädagogik" in vielen Ländern. Eine der größten Gruppen in der internationalen Freinet-Bewegungen (FIMEM) ist der deutsche Verband der Freinet-Lehrer. Alle zwei Jahre findet ein internationaler Freinet-Kongress (RIDEF) statt.
- **Alfred Adler** (1870–1937) prägte die „Kinderrepubliken" der sozialistischen Kinderfreundebewegung, die als Wurzeln unseres heutigen Klassenrats anzusehen sind. Der Klassenrat diente als Instrument zur Problemlösung und Streitschlichtung auf dem Hintergrund der Individualpsychologie. 1927 veranstalteten die „Kinderfreunde" ihr erstes Großzeltlager „Seekamp" (Kinderdorfgemeinschaft). Vier Wochen lang lebten dort 2300 Kinder in dorfähnlichen Gemeinschaften. Sie hatten in einer demokratischen Wahl Kinderabgeordnete gewählt, die eine Kinderregierung bildeten, um über alle Vorgänge und Administrationen selbst zu entscheiden. Adler nutzte dieses „Kinderfreunde"-Zeltlager Seekamp mit demokratisch gewählten Kinderabgeordneten für die Einführung eines Klassenrats.
- **Rudolf Dreikurs** (1897–1972), Psychiater, Psychologe, Pädagoge und Adlers Schüler, entwickelte unabhängig und bezugslos zu Freinet ein Klassenratsmodell, das sich

hauptsächlich mit Problemlösungen und Streitschlichtung beschäftigt.

- **John Dewey** (1859–1952; Embryonic society, Learning by doing) war einer der Väter der Reformpädagogik. Er engagierte sich gesellschaftspolitisch für Demokratie in allen Lebensbereichen. Mit seiner Frau Alice (1858–1927) gründete er eine Versuchsschule (1896), in der er vom Mitbestimmungsrecht und dem Mitbestimmungswillen aller Beteiligten ausging. Seiner Meinung nach ist der Wille zu lernen bei jedem vorhanden – er müsse nur gefördert werden. Nach seinen Thesen hat Schule die Möglichkeit, „sich mit dem Leben zu verbünden und wirklich die Wohnstätte des Kindes zu werden. Es lernt in ihr, weil sein Leben eine Richtung hat; sie ist nicht nur eine Stätte, um Lektüre zu lernen, die einen abstrakten und fernen Bezug auf irgendein denkbares Leben hat, das irgendwann in der Zukunft gelebt werden soll. Die Schule erhält die Chance, eine Miniatur Gemeinschaft zu werden, eine embryonale Gesellschaft" (zitiert nach Meyer, Meinert: Problemlösendes Lernen in der Pädagogik John Deweys. In: Pädagogik, 51. Jg., H. 10, S. 29–32, 1999).
  Mit dieser Überzeugung lernten die Schüler experimentierend in einer Welt aus verschiedenen Materialien und Werkstätten, in Bücherei und Garten – auch schon auf spätere Berufswahlen blickend. Die Rolle des Lehrers war vielmehr eine des Mitarbeiters. Schule wurde zu „Learning by doing".

Diese Formen zu lernen wurden aus politischen Gründen nicht weiter verfolgt. Die verschiedenen reformpädagogischen Richtungsführer in den 1920er-Jahren waren zerstritten. Der Faschismus trieb sie ins Ausland. Nur wenige deutsche Schulen konnten bis heute ein ähnliches demokratisches Niveau erreichen.

Ausgangslage heute

Jetzt, knapp hundert Jahre später, sind wir erneut in den Ganztagsschulen angekommen. Dies bedeutet: Demokratie, Mitbestimmung, Konflikte erkennen und lösen – weit über den Vormittag hinaus. Wir müssen jedoch mit einer solchen Form von Pädagogik noch einmal neu beginnen.

Viele Bereiche des Lebens sind zu „Schulangelegenheiten" geworden.
Die Schüler lernen in der Schule **Zusammenhänge zwischen Lebenssituationen** von Menschen und unterschiedlichen Sichtweisen auf Gesellschaft kennen. Das schließt Marktwirtschaft, Demokratie und Politik im Allgemeinen mit ein. Erworbenes Wissen, Gelerntes und bekannte Methoden können in neuen Bereichen verknüpft und Zusammenhänge geübt werden.

Beim gemeinsamen Mittagessen sehen sie **kulturelle und soziale Verschiedenheiten**.
Sie lernen früh, zu akzeptieren, dass z. B. Kinder aus Vegetarierfamilien kein Würstchen oder Kinder anderer Religionen kein Schweinefleisch essen. Akzeptanz und Toleranz können mitwachsen wie die Schüler selbst.

Mit dem zeitlich größeren Rahmen des Zusammenlebens entstehen auch vielfältigere **zwischenmenschliche Probleme**, die an Ort und Stelle gelöst werden müssen. Ganztagsunterricht, Förderstunden einzelner Kinder und zunehmendes Kurssystem in Fächern wie muttersprachlicher Unterricht, Englisch für unterschiedlich starke Schüler oder die Vielfältigkeit des Religionsunterrichtes lassen Klassengemeinschaften auseinanderbrechen.

Gründe für den Klassenrat

Mit einer regelmäßigen Klassenratsstunde finden die Kinder einen Heimatboden in der Klasse, auf dessen Basis sie **ihre Konflikte bearbeiten** können. Die Treffen garantieren stabile Beziehungen in **vertrautem Rahmen**, den Sie als Lehrkraft mit ihrer Anwesenheit schützen. Damit können sich die Kinder in der Schule wohl fühlen. Sie entwickeln emotionale Sicherheit und Zuversicht – in sich selbst und andere.

Vertrauen, Verlässlichkeit und eine Art **Rechenschaftspflicht** wahrzunehmen, sind Quellen für spätere demokratische Verhaltensweisen.

Werden Probleme einzelner Schüler gemeinsam im Klassenrat besprochen, erleben die Kinder durch das Mitfühlen der Gruppe **Unterstützung** – ein wenig so wie zu Hause im Wohnzimmer beim Familienrat. Die Auseinandersetzung der Klassengemeinschaft mit dem Störfaktor lässt einen moralischen Wert entstehen. Alle Schüler sind am Erziehungsprozess beteiligt. Sie entscheiden selbst über Problemlösungen. Sie sind selbst „Herr des Geschehens".

Es werden immer **Lösungen** gesucht, niemals Schuldige. Der Klassenrat bietet mit seiner Ritualisierung einen geschützten Raum, in dem Themen angesprochen werden können, die sonst ungesagt blieben.

Als Feld zwischen „Privat" und „Notengebung" kann der Klassenrat als **Übung für ein gutes Miteinander** genutzt werden. Hier ist der Mensch wichtiger als die zu lernenden Kapitel. Qualität kommt vor Quantität.
Als Lehrkraft sind Sie in der **Vorbildrolle** und sollten zeigen, dass auch Sie verlässlich Regeln einhalten. Später, wenn die Schüler in Konfliktlösungen, z. B. mittels der Giraffensprache (siehe S. 67–68), geübter sind, können sich Anliegen sogar bis zur nächsten Klassenratsstunde von selbst erledigen.

Die Institution Schule hat als Bildungs- und Erziehungsbeauftragte die Chance, den Grundschülern **Stabilität, Vertrauen** und **Gefühle stabiler sozialer Bindungen** zu vermitteln: ein Nährboden für unbehindertes Lernen und gute, erwünschte Persönlichkeitsentwicklung. Mit Ausnahme der Hauptschulen wird in den weiterführenden Schulen ein solch verlässlich geregeltes System für die Kinder nicht mehr möglich sein. In den Gymnasien verliert sich nach der Einführung des G8 eine Klassengemeinschaft erfahrungsgemäß schon im Laufe der sechsten Klasse (auch wenn die Theorie etwas anderes sagt). Mit unterschiedlichen Klassenzusammensetzungen für Sprache, Religion, Ethik, Philosophie, Musik, Kunst und Ähnlichem bleibt nicht viel Gemeinsamkeit und damit sehr wenig Zeit, um weiter in Klassenratsform Demokratie zu lernen. Demzufolge gibt es Klassenlehrer, die ihre Klasse nur für eine oder zwei Doppelstunden in der Woche sehen.
Durch die besagte Vielfältigkeit ist es oft unmöglich, Konflikte sachgerecht aus dem Kursgeschehen in einen Klassenverbund zu tragen. Der Grundsatz „Wir sprechen nicht über andere" verbietet es, zu besprechen, wenn vielleicht Paul mit dem Verhalten von Lisa im Kunstunterricht nicht einverstanden ist, da Lisa zur Parallelklasse gehört. Paul sollte schon in der Grundschule gelernt haben, den Konflikt mit Lisa selbstständig klären zu können, und wissen, dass er nicht über sie in deren Abwesenheit reden soll.

Nur wenige Schüler nehmen die Hilfe von **Vertrauenslehrern** an. Man kennt sich noch nicht gut genug.
Auch das ist eine erwünschte Folge unserer Erziehung: Vertrauen und fremde Personen, seien es auch Lehrer, passen nicht gut zusammen. Kinder können noch nicht immer genau differenzieren zwischen dem Fremden in der Schule und dem Fremden auf der Straße.

In den Grundschulen liegen besonders große Chancen, **Integration und Inklusion** positiv zu beeinflussen. Alle Schüler entwickeln im Klassenrat Engagement zum Spracherwerb, um ihre Anliegen zu formulieren.

Gegenseitige Hilfe leistet wertvolle Beiträge zur **Wertschätzung natürlicher Mehrsprachigkeit**.

Für einige Kinder gibt es eine Integration auch in andere Richtungen. Die aktuell notwendige berufliche und wirtschaftliche Mobilität von Familien fordert gelegentlich Auslandsaufenthalte. Im Klassenrat gelernte Strategien eignen sich natürlich dafür, überall auf der Welt in fremde Gruppen friedlich integriert zu werden. Schüler, die nach einer solchen Auslandszeit zurückkehren, finden in Klassenratsgesprächen Gelegenheiten, ihre Erfahrungen auszutauschen und einzubringen.

Mit **Einführung der inklusiven Schule** wird eine Neuorientierung der sonderpädagogischen Förderung nötig. In den Förderschulen werden bzw. wurden Schüler mit besonderem Förderbedarf in der Schuleingangsklasse mit ganz individuellen Fördermöglichkeiten, z. B. im Bereich motorischer Basiskompetenzen, in der Merkfähigkeit, Gruppenfähigkeit oder der phonologischen Bewusstheit gezielt unterstützt. Das bedeutet eine Ausweitung der allgemeinen Schulzeit für diese Kinder um ein Jahr, in der Entwicklungsverzögerungen neben der Schulpflicht aufgeholt werden können. Mit Einführung der Inklusion sollen die Kinder in der Schuleingangsphase zwei, nur ausnahmsweise drei Jahre unterrichtet werden, um die **Schulpflicht für alle Schüler auf zehn Jahre** festzusetzen. Das bedeutet, dass etwa entwicklungsverzögerte Kinder, die bisher in einer passenden Förderschule beschult wurden, in der ersten Klasse einer inklusiven Schule noch feinmotorische Defizite zeigen. Sie können schlecht Bilder ausschneiden, malen oder es klappt nicht, mit dem Lineal zu arbeiten. Ihre Selbstständigkeit ist weniger ausgeprägt, oft weil die Konzentrationsfähigkeit und die Lernbereitschaft noch wachsen müssen. Dies alles sind Punkte, mit denen Regelschulkinder bisher weniger konfrontiert wurden. Die Erstklässler und sicher auch ein großer Teil der Elternschaft werden solche Schulneulinge in den Regelschulen möglicherweise als nicht ganz schulreif befinden, mit Ängsten um Nachteile im Lerntempo der eigenen, gesunden Kinder. Ein Klassenrat bietet auch hier ein faires Erklärungsmodell. Ein diskriminierungsfreies Zusammenleben wird mit einvernehmlicher Konfliktlösung, an der die gesamte Gruppe beteiligt ist, gefördert.

Mit dem ständig größer werdenden Anteil der Ganztagsschulen übernehmen diese auch mehr Aufgaben, die noch vor Kurzem die Elternhäuser ohne besonderen Aufwand erledigten. Die Grundfeste politischer Denkweisen und Empfindungen sind längst über die Wahl und die unterstützende Vermittlung der Aufgaben eines Klassensprechers hinausgewachsen. Noch bevor die Erstklässler richtig schreiben und lesen können, wollen sie in die Gesamtheit des Plans miteinbezogen werden. Sie zeigen die Konsequenzen der modernen Erziehung: Immer weniger Kinder kommen noch nach Hause mit der Frage auf den Lippen: *„Was gibt es heute zu essen?“* Vielmehr wird schon Tage zuvor das Kind gefragt: *„Was möchtest Du am Dienstag essen?“* **Mitbestimmung** in fast allen Bereichen sind die Kinder gewohnt.

Die Klassenratspraktik gibt es schon in einigen Familien als **Familienrat** oder Familienkonferenz. Dort wird meist nur bei besonderen Anlässen (z. B. Festplanungen, Wohnungsrenovierung etc.) getagt, aber ein solcher Familienrat ist oft schon fester Bestandteil zum sozialen Miteinander. Diese Mitbestimmungsgepflogenheiten tragen die Kinder natürlich in die Schule hinein. Sie wollen z. B. Klassensprecher wählen oder gewählt werden – mit einem ganz eigenem Rollenverständnis.

Etwas mitbestimmen zu können, steigert den Wissensdurst und die Lernbereitschaft enorm. In demokratischer Mitbestimmung wird die Auswahl eines Gruppenvertreters zu einem intensiv erlebten Projekt. In den Vorgesprächen hierzu entdecken die Kleinen einen Teil ihres Selbst. Sie erfahren die **Wichtigkeit der eigenen Person** innerhalb einer Gruppe. Sie können ihre Rolle annehmen oder entdecken, dass sie etwas verändern möchten. Vielleicht möchte Lisa gern einmal für die ganze Gruppe oder Klasse sprechen, beschränkt jedoch ihre Gedanken dazu auf die Spielmöglichkeiten in den Pausen. Oder ein kleiner Individualist möchte gern den Ordnungsdienst übernehmen, um die stete Erreichbarkeit seiner Lieblingsstücke zu garantieren. Dies sind grundsätzliche Lernthemen, die nirgendwo besser bearbeitet werden könnten als in einem Klassenratsgespräch. Jedes Thema, das Schülern Kopfzerbrechen bereitet, ist es wert, besprochen zu werden. Sonst würden sie es nicht zur Diskussion stellen.

Mit der Klärung von Problemen und Konflikten entsteht ein anregendes, **akzeptierendes soziales Miteinander** in gegenseitiger Wertschätzung. Auch hier sind die Inklusion und die stetig zunehmende interkulturelle Erziehung von Bedeutung.

Beispiele:

- **Kinder, die längere Zeit logopädisch therapiert wurden**, könnten im Englischunterricht besonders gestützt, vielleicht sogar aus der Klassengemeinschaft genommen werden. Haben sie doch gerade mit viel Mühe gelernt, ihre Zungen bei der Aussprache deutscher Silben und Wörter zu reglementieren, sollen sie gleich wieder die Zunge rollen und drehen, um englische Silben zu sprechen. Meist gelingt dies erst einmal gar nicht.
  Zu hören, dass es bei den anderen Schülern viel schneller und besser funktioniert, bringt Frust, der vermeidbar ist – ist doch gerade das Beherrschen der englischen Sprache wegen der vielen beliebten Songtexte so erstrebenswert. Im Klassenrat würde in solch einem Fall besprochen, dass dieses Kind vielleicht zunächst nicht laut englisch zu sprechen braucht (weil wir niemanden auslachen), unabhängig von der Notengebung.
- Da **Kinder mit einer Behinderung** nicht automatisch einen Schulbegleiter oder Integrationshelfer zur Seite gestellt bekommen, wird die Notwendigkeit einer solchen Hilfe erst im Laufe der ersten Schulmonate deutlich. Das bedeutet, dass irgendwann im Jahresverlauf ein zusätzlicher Mitarbeiter in die Klasse kommt. Für die Schüler ist zunächst nicht klar, dass dieser Mitarbeiter ausschließlich für das „Problemkind" zuständig ist. Diesem Kind wiederum gefällt es nicht immer, einen eigenen Betreuer zu bekommen, da das Prozedere in den Augen der Kinder gern nach „Kontrolle" aussieht. Zudem ist der Mitarbeiter in der Regel eine bisher bezugslose Person, die eben Stabilität, Verlässlichkeit und eine vertrauensvolle Beziehung aufbauen soll.
  Nun könnte im Klassenrat besprochen werden, wer wann, wofür und warum zuständig ist. Es muss geklärt werden, dass die Begleitung eine Hilfe und nicht Strafe für falsches Verhalten ist und warum ein Mitschüler diese Hilfe braucht.
  Hier ist natürlich die Kunst des lenkenden pädagogischen Geschicks einer Lehrkraft als Moderator in ersten Klassen(rats)gesprächen besonders gefragt.

Für die Einführung eines Klassenrats sprechen neben der Erziehung zur Demokratiefähigkeit noch viele **weitere Argumente**:

- Mut zur Meinungsäußerung in einer anregenden Gesprächskultur
- Praktizieren von Toleranz
- Entwicklung von Verantwortungsbewusstsein
- Lernen und Einüben von Kernkompetenzen, wie Diskussionen leiten, Protokolle führen und konstruktiv miteinander reden

- Förderung eines angenehmen Klassenklimas durch die Entwicklung von Empathie: der Fähigkeit, sich in andere hineinzuversetzen
- Identifikation mit der eigenen Klasse/Schule durch ein gestärktes Selbstwertgefühl
- Üben von Konfliktlösungen durch mündliche Sprachgestaltung
- Konfliktbearbeitung als individuelle Förderung;
  Beispiel: Durch den Eintrag des Problems ins Klassenratsbuch, etwa am Mittwoch, wird eine andere Sichtweise des Problems, etwa am Freitag, durch das „Drüber-Schlafen" herbeigeführt. Der erste emotionale Ärger ist verraucht. Der Schüler kann ruhig und bedächtiger sein Anliegen vortragen. Er hat zudem die Möglichkeit, eventuell passendere Wörter zu suchen oder sich mit einem Elternteil zu beraten.
- Vermeidung der Entstehung eines Problems durch bereits gelöste, ähnliche Probleme
- Klassenrat als ein politisches Spielfeld eines gemeinschaftlichen, konflikthaften, demokratischen Vorgangs zur Herstellung und Manifestation verbindlicher Entscheidungen
- Vorbeugen von Gewalt und Mobbing durch das Erlernen von Problemlösungen im Klassenrat;
  Beispiel: Mit dem Eintrag eines Problems ins Klassenratsbuch weiß ein Schüler, dass dieses Problem sicher am Tag X besprochen werden wird. Er kann es in seinem Kopf zunächst beiseitelegen und weiter seiner Tätigkeit nachgehen. Er muss nicht mehr in der Pause der anderen Konfliktpartei mit unangemessenen Reaktionen begegnen.

Ziele des Klassenrats

Folgende Ziele werden bei der Arbeit mit dem Klassenrat angestrebt:

- Präzises Formulieren von Meinungen oder Anliegen
- Kommunikationsfähigkeiten, Unterscheidung und Anwendung von „Ich-Botschaften" und „Du-Botschaften"
- gewaltfreie Kommunikation, freie Rede und aktives Zuhören
- friedliche Konfliktlösungen
- Sozialkompetenzen, Förderung von Empathiefähigkeit, Selbst-/Fremdwahrnehmung, wertschätzender Umgang miteinander
- Entwicklung eines selbst zu gestaltenden Gremiums
- Entwicklung und Einhaltung eines Zeitmanagements für Prozesse
- Erkennen und Lösen von Konflikten
- Gesprächsleitung und Protokollierung.

Zudem werden die Schüler aufmerksam für **Empfindungen und Reaktionen ihrer Mitschüler**, was eine Gewöhnung an unverstandene Enttäuschungen und Missverständnisse zwar nicht verhindert, aber doch in eine sozial verträgliche Richtung lenkt.

Das Anerkennen seiner Mitmenschen als Personen, die unterschiedliche Erwartungen, Bedürfnisse und Gefühle haben, beugt Gewaltverhalten vor. Gewaltforscher fordern **„Eine Kultur der Anerkennung"** zur Prävention von Gewalt ein.

Die Achtung eines Mitmenschen als gleichwertige Person bedeutet auch, die aktuelle Stimmung des Gegenübers zu beachten und in den Antworten, Reaktionen zu berücksichtigen. Diese **Akzeptanz einer Person**, unabhängig von ihrem Verhalten, kann im Klassenrat differenziert an alltäglichem Geschehen trainiert werden.

Die Schüler lernen, **zweckdienliche Kritik** zu üben und auch einmal anzunehmen.

Weil ihre Anliegen im Klassenrat ernst genommen werden, fühlen die Schüler ihr **Selbstvertrauen** gestärkt.

Um Probleme so darzustellen, dass eine für alle akzeptable Lösung gefunden wird, ist es nötig, bewusst mit der **eigenen Sprache** umzugehen.

Die Kinder erleben sich selbst als Mitentscheider in Klassenangelegenheiten. Sie stellen fest, dass das Recht auf Mitbestimmung auch die Mitverantwortung für getroffene Entscheidungen beinhaltet. Sie erleben, dass sie konkrete Veränderungen mitbewirken können.

Sie üben sich als selbstverantwortliche Bürger anstelle bürokratisch bevormundeter Menschen. Gemeinsam solidarisch ohne Extremismus, Rassismus und Diskriminierung aufzuwachsen, ist ein lohnenswertes Bildungsziel.

Außenseiter erleben genauso wie Anführerkids, dass ihre Stimme nicht mehr oder weniger wiegt als die aller anderen.

Praktische Umsetzung eines Klassenrats

In der zweiten Hälfte des ersten Schuljahres kann ein Klassenrat als feste Instanz eingeführt werden. Im **Stuhlkreis** wird es den Kindern Spaß machen, zunächst für etwa 30 Minuten rückblickend Erfolge zu besprechen.

Eine **erste „ordentliche" Klassenratsstunde** in geregeltem Zeitrahmen soll ausschließlich positive Gefühle bei allen Beteiligten hinterlassen.

Ebenso ist eine sogenannte **„Positive Runde" zu Stundenbeginn** angebracht – ein Gesprächskreis, in dem nur Begebenheiten erzählt werden, die gut gefielen oder besonders erfolgreich verlaufen sind. Damit wird eine angenehme Stimmung gefördert und der Redefluss der Schüler angeregt. Ein **kurzer Singkreis** erfreut sich in der Regel bei jungen Schülern großer Beliebtheit. Das gemeinsame Singen stärkt Gefühle der Gruppenzugehörigkeit.

Allerdings ist die **Regeleinhaltung** besonders zu beachten. Kinder sprechen natürlich gern viel und laut über erfreuliche Angelegenheiten. Im Stuhlkreis ist die Methode „rote Karte" (siehe S. 14) bei Regelverstößen gut nutzbar.

Wiederholungen des Vorredners können vermieden werden, wenn Sie zu Beginn sagen: *„Ich möchte gern von jedem Schüler einen anderen Satz hören, auch wenn euch allen das Gleiche gut gefallen hat. Es gab sicher auch auf dem Schulweg oder in der Pause etwas, das besonders schön war. Das haben nicht alle Kinder hier erlebt."*

Sie können den Klassenrat mit einem **„Gefühlskreis"** (siehe S. 29–30) beginnen, um zu sehen, welche Kinder gerade besondere Aufmerksamkeit oder Gesprächsunterstützung benötigen. Im Gegensatz zum Unterricht bietet der Klassenrat Platz für Gefühle. Hier kann eine konstruktive Reflexion geschehen, z. B. *„Welche Gefühle sind wann in mir? Wie gehe ich damit um?"* Gemeinsam können hilfreiche Strategien entwickelt werden.

Im Kreis wird **aktives Zuhören** geschult. Fassen Sie Gesprochenes kurz zusammen und benennen Sie wahrgenommene Gefühle, Gedanken oder Wünsche des Redners. Diese Moderatorenrolle kann nach wenigen Sitzungen an einzelne Schüler delegiert werden.

Es reicht völlig, wenn die letzten 10 Minuten verwendet werden, um kritische **Diskussionspunkte für die zweite Runde** festzuhalten.

Im Gegensatz zum „Streitschlichter-Verfahren" bietet der Klassenrat die Möglichkeit der **Ein-**

bindung der gesamten Klassengemeinschaft an der Problemlösung.

Auch bewusstes Zuhören ist eine Notwendigkeit, um Anliegen seines Mitmenschen zu verstehen. Dazu kann im Stuhlkreis das bekannte **Flüsterpost-Spiel** nützlich sein:
Ein Schüler flüstert seinem Nachbarn einen kurzen Satz ins Ohr. Dieser gibt den Satz, ebenfalls flüsternd, weiter, bis der letzte Empfänger laut sagen darf, was er gehört hat.

Zusammensetzung des Klassenrats

Organisatorisch braucht auch ein Klassenrat selbst Regeln als Rahmen.
Im Normalfall ist das **Klassenzimmer** auch der passende Raum. Hier bleiben symbolisch die bearbeiteten Themen „im Raum". Ein **Sitzkreis** ohne Tische bildet lockere, spannungsfreie Atmosphäre. Ebenso ist eine regelmäßig wöchentlich fest terminierte Schulstunde, möglichst nicht am Montagmorgen, anzusetzen. Der Ritualcharakter stärkt und schützt das Selbstwertempfinden der Schüler bei heiklen Themen.

Die **Lehrkraft** muss sich spätestens im dritten Schuljahr als ein „normales Mitglied" **zurückziehen** können. Übernehmen Sie nur zu Beginn den Vorsitz, die Schüler lernen am Modell. Wenn in der dritten oder vierten Sitzung die Schüler den Klassenrat leiten, müssen Sie auf jeden Fall im Stuhlkreis bleiben, um immer mal wieder einen Schüler in seinem Amt stützen zu können. Im zweiten und dritten Schuljahr tun sich die Schüler vor allem noch sehr schwer, Protokolle zu schreiben oder zu malen.

An einer Klassenratsstunde nehmen alle Mitglieder einer Klasse teil: Sie als Lehrkraft, evtl. pädagogische Mitarbeiter und natürlich die Schüler. An die Mitglieder werden folgende **Rollen** verteilt werden:

- **Vorsitzender/Leiter:** muss besonders viele Voraussetzungen erfüllen, richtig zuhören und verstehen können, Regeln einhalten, fair sein, einen guten, schon recht umfangreichen Wortschatz beherrschen. Er erteilt den Rednern das Signal zum Sprechen und fragt eventuell nach: *„Habe ich richtig verstanden, dass …?"*
- **Zeitwächter:** beachtet, dass die vorgegebene Redezeit eingehalten wird, muss mit der Uhr umgehen können, benutzt eine Sanduhr und ein Klanggerät (z. B. Triangel, Klanghölzer)
- **Protokollant:** schreibt wichtige Punkte und Aufgaben mit (evtl. auch in Form von Piktogrammen; siehe Vorlage S. 79), in den ersten beiden Schuljahren wird zumeist die Lehrkraft dies übernehmen
- **Vorleser der Anliegen:** in den ersten beiden Schuljahren zumeist die Lehrkraft, die Themen können evtl. vorsortiert werden
- **Regelwächter:** achtet darauf, dass die vereinbarten Regeln während des Klassenrats eingehalten werden
- **Leisewächter:** achtet auf Ruhe und setzt evtl. gelbe oder rote Karten ein.

Für jedes Amt ist ein Vertreter vorgesehen.

Als optische Hilfe können Sie die Bildkarten für die einzelnen Ämter (siehe S. 80–82) an die jeweiligen Kinder verteilen.

Die Rollen sollten **einige Wochen stabil** bleiben. Die Moderatorenrolle des Leiters stellt die wichtigste Herausforderung dar. Ab einer Gruppengröße von etwa 17 bis 18 Personen sollte, wie in anderen Gesprächsrunden auch, ein Co-Moderator bereitstehen.

Als **Lehrkraft** gehören Sie zur Klasse und dürfen sich nicht absondern. Sicher gibt es auch Anliegen Ihrerseits an die Klasse oder an einzelne Schüler. Die Pünktlichkeit einzelner Schüler oder schlechte Lesbarkeit der Handschriften sterben genauso wenig aus wie der stets zu unpassender Zeit nötige Toilettenbesuch. Auch wird es für Lehrkräfte nicht immer deutlich, wie Schüler mit Inklusion umgehen. Im Klassenrat kann erfragt werden, ob und wie die Förderung einzelner Kinder in der Gemeinschaft beim Lernen integriert ist.

Einführung eines Klassenrats

Wenn der Klassenrat nicht schon im Schulkonzept verankert ist, werden Sie als Lehrkraft, die dieses Modell gebrauchen möchte, eventuell etwas Überzeugungsarbeit leisten müssen. Schulleitung und Kollegen müssen dafür gewonnen werden. Hin und wieder gibt es auch Eltern, die mit solchen Gesprächsrunden echte Unterrichtszeit vermissen und einfordern. Um die Argumente für einen festen Klassenrat (siehe S. 58–60) zu demonstrieren, können Sie einen **Elternabend** einberufen. Laden Sie die Eltern ein, an Probestunden teilzunehmen. Dies ist besonders wichtig für das Lernen einer gewaltfreien Kommunikation mittels der Wohlfühlsprache. Bei diesen Themen ist Elternmitarbeit ausdrücklich erwünscht.

Für **Eltern inklusiver Klassen** ist ohnehin erhöhter Gesprächsbedarf immer vorhanden. Eine deutlich verbesserte Gesprächskultur, die durch Wohlfühlsprache zustande kommt, ist erstrebenswert. Sie schützt Schüler mit Defiziten vor Diskriminierung.

Migrantenfamilien fühlen sich mit regelmäßigen, lockeren Informationsrunden im Klassengefüge integriert. Bei Verständnisproblemen kann nachgefragt werden. Es finden sich fast immer gute Übersetzungsmöglichkeiten.
Im Computerzeitalter darf auch ein Laptop am Elternabend mit Übersetzungsprogrammen helfen. Es gibt auch immer noch Familien nichtdeutschen Ursprungs, die den Gedanken der Inklusion und seine aktuelle Präsenz gar nicht kennen.

Das **Recht auf ein gewaltfreies Leben** steht im Vordergrund. Mit Reden beginnen die allermeisten Gewaltaktionen. Es gilt, zu lernen, Reden in eine friedvolle Richtung zu lenken. Deshalb sollte es schwierig sein, gut begründete Argumente gegen einen Klassenrat zu finden.

Die Eltern sowie die beteiligten Pädagogen und Betreuer werden über die Vorteile und das Prozedere informiert. Ideal wäre ein Treffen aller am Nachmittag. Eine Lehrkraft könnte zu solchem Anlass bekannt geben:
„Wir leben schon eine ganze Weile viele Stunden gemeinsam mit den Aufgaben, die eine Schule für uns hat. Es gibt immer wieder kleinere Probleme und Konflikte zwischen den Kindern und/oder anderen Personen, die den Lernalltag stören. Sie nehmen wertvolle Zeit in Anspruch und manchmal verderben sie uns die gute Laune. Deshalb werden wir zukünftig alle Probleme auf kleine Zettel schreiben oder malen, diese in einer Schachtel sammeln und einmal in jeder Woche eine Unterrichtsstunde darauf verwenden, um alles gemeinsam zu klären. Wir nennen das Klassenrat. Es funktioniert ähnlich wie ein Familienrat zu Hause. Wir müssen hier jedoch einige Regeln beachten, weil wir natürlich viel mehr Personen sind als in einer Familie. Wenn wir ungeordnet alle gleichzeitig etwas sagen, kommen wir selbstverständlich zu keinem Ergebnis.
Wir werden dazu eine sogenannte Wohlfühlsprache benutzen, um uns nicht in der schlechten Problemlaune gegenseitig zu beschimpfen. Es ist sehr hilfreich, wenn die Eltern diese Sprechkurse begleiten.
Auf diese Weise werden zwar nicht alle Probleme verschwinden, aber die übrigen Unterrichtsstunden bleiben störungsfrei, wenn jeder sich darauf verlassen kann, dass sein Problem am Klassenratstag besprochen wird. Unser Ziel ist es, mehr ungestörte Zeit zum Lernen zu gewinnen."

Ablauf einer Klassenratsstunde

- Zu Beginn der Klassenratsstunde kommen alle Kinder mit ihren Stühlen in den **Sitzkreis**. Der Vorsitzende stellt die Utensilien(-Kiste) bereit und verteilt alles an die zuständigen Personen. Das sind bei der ersten Stunde entweder Freiwillige oder von Ihnen ausgewählte Kinder.
- **Eröffnung** der Klassenratssitzung durch den Leiter
- Bestätigung der **Anwesenheit**: Eine Anwesenheitsliste wird mit Bleistift an alle weitergereicht. Das kann eine vorgedruckte Namensliste sein, auf der die Anwesenheit mit Zeichen nur bestätigt wird. Falls ein Kind ein Anliegen vortragen möchte, selbst jedoch wegen Krankheit fehlt, kann später belegt werden, dass eben dieses Anliegen wegen Fehlen des Kindes nicht besprochen wurde.
- **positive Runde oder kurzer Gefühlskreis** als Einstimmung auf Gespräche
- evtl. Vortragen nötiger **Informationsberichte**
- Vorlesen des **Protokolls der letzten Sitzung** (Wurden alle Beschlüsse richtig notiert, alle Absprachen eingehalten? Wenn etwas nicht geklappt hat: Könnte es wieder auf die aktuelle Liste?)
  An dieser Stelle könnten die Klassenmitglieder auch gemeinsam in freundlicher Sprache prüfen, ob ein evtl. geschlossener Vertrag der vorherigen Stunde eingehalten wurde. Der betroffene Schüler könnte entsprechend gelobt werden.
- evtl. **Ämterwechsel**
- Vorlesen und Abarbeitung der einzelnen **Anliegen**, nach Dringlichkeit sortiert (Was ist noch aktuell? Was könnte unter Umständen verschoben werden?).
  Der jeweilige Verfasser erklärt das Anliegen; Kritik, Diskussion, Suche nach Lösungen
- **Beschluss:** Ergebnis ins Protokoll
- **Beendigung** der Klassenratssitzung durch den Leiter. (Es ist von wesentlicher Bedeutung, dass problembeladene Situationen stets einen angenehmen, positiven Abschluss finden. Der Klassenrat an sich ist von Natur aus massiv problembeladen. Mit offenem oder unzureichendem Ende einer Diskussionsrunde können Schwierigkeiten nicht als erledigt betrachtet werden. Im Gegenteil: Sie bieten Nährboden für weitere Streitigkeiten. Die Aussicht auf den nächsten Klassenrat sollte behaglich und erstrebenswert bleiben, damit alle gern wieder daran teilnehmen. Zur Erinnerung sei angemerkt, dass der Klassenrat auf freiwilliger Basis stattfinden sollte.)
- Gemeinsames **Aufräumen** der Stühle und der Klassenratsgegenstände.

Beispiel einer Stundenplanung zur Einführung des Klassenrats

Fach: Sachunterricht
Zur Einführung in Klasse 1 wird etwas mehr Zeit (ca. 3 Unterrichtsstunden) benötigt.

Zeit	Phase	Verlauf	Sozialform/Material
ca. 5 Min.	Begrüßung	■ Begrüßung der Kinder ■ Vorstellen des Themas der bevorstehenden Stunde ■ Bitte an die Kinder, in den Sitzkreis zu kommen	Plenum

Zeit	Phase	Verlauf	Material/Sozialform
ca. 30 Min. Pause	Hinführung	■ Vorstellen der Funktion und Ziele eines Klassenrats, inkl. der Vorlagen zum „Anliegen für den Klassenrat" ■ Vorstellen der Ämter, inkl. Erklärung der Notwendigkeit der Ämter ■ Vorstellen des Klassenratsprotokolls ■ Festlegen eines Klanginstruments, Zeitabsprachen abstimmen	Sitzkreis Vorlage: „Anliegen" (S. 83) Bildvorlagen (S. 80–82) Klassenratsprotokoll (S. 79)
ca. 10 Min.	Wahl	■ Wahl der Amtsinhaber mittels Handzeichen (ggf. auch geheime Wahl, siehe Klassensprecher-Wahl, S. 41–43)	Sitzkreis
ca. 30 Min.	Erarbeitung	■ Erarbeitung von Regeln für die Sitzungen (z. T. von den Klassenregeln übernehmen, siehe Tipps für die Regeln, S. 12–14) ■ Entscheidung: Klassenratsbuch, Hefter oder Kiste mit Symbolen? ■ gemeinsames Brainstorming: „Welche Themen können besprochen werden?", diese können dann auf die Vorlagen zum Anliegen eingetragen werden	Sitzkreis Klassenrat: Anliegen (S. 83)
ca. 5 Min.	Abschlussrunde	■ Blitzlichtrunde: Hier können alle eine sehr kurze Rückmeldung geben, ohne dass dies von Ihnen oder den Mitschülern kommentiert wird.	Plenum

In der **Pause** haben die Schüler Zeit, sich mit dem Thema auseinanderzusetzen. In der Regel besprechen sie den Inhalt und klären unter sich letzte Fragen.

Die **folgende Stunde** kann nun zur Wahl der Amtsinhaber, ähnlich der Klassensprecherwahl, genutzt werden. Die Klassenratsämter müssen nicht unbedingt in geheimer Wahl vergeben werden.

■ Regeln für die Klassenratsstunde

Zunächst sollten die Regeln für die Klassenratsstunde im Klassenrat selbst von den Kindern erarbeitet werden. Wie oben erwähnt, werden gemeinsam erarbeitete Gesprächsvereinbarungen verlässlicher eingehalten. Folgende Überlegungen sind dabei zu berücksichtigen:

- *Wie viele Regeln benötigen wir?* Für kleinere Kinder reichen vier bis fünf Regeln aus, grundsätzlich gilt: Je kleiner die Kinder, umso weniger Regeln können sie sich merken und beachten
- Wie und wo *veranschaulichen wir unsere Regeln?* (mittels Wandzeitung, auf einem einrollbaren Plakat, das nur zur Sitzung aufgehängt wird …)
- *Wie und wo wollen wir künftig unsere Themen sammeln?* Schaffen wir ein Buch an,

in das jeder sein Anliegen notieren kann? Oder heftet jeder sein Anliegen auf einem Zettel an eine Pinnwand? Schaffen wir einen Klassenratsbriefkasten an? Wenn zu den Klassensprecherwahlen ein Dokumentationsbuch/Hefter genutzt worden ist, könnte dies/er hier eingesetzt werden.

- *Wollen wir alle nötigen Utensilien für die Klassenratsstunde in einer Kiste sammeln?*

Die **Regeln** für den Klassenrat können folgendermaßen aussehen:

- Ich melde mich, um etwas zu sagen. Ich rede nicht dazwischen. Ich warte auf den Redegegenstand.
- Ich höre jedem aufmerksam zu, sehe ihn dabei an.
- Ich führe keine „Nebengespräche". Der Klassenrat ist auch Unterricht von uns für uns.
- Ich spreche andere direkt an, ich rede nicht über andere.
- Es werden nur die ausgesuchten Themen besprochen.
- Wenn der Zeitwächter ein Signal (mit Triangel oder Klangholz) gibt, beende ich meinen Satz.
- Im Klassenrat Besprochenes wird in unserer Klasse bleiben. Ich erzähle darüber nichts auf dem Schulhof.

Anfangs können auch einfach einige der **Klassenregeln** übernommen werden.
Allerdings muss jede Lehrkraft bedenken, dass die Vision eines ordentlichen Klassenrats aus der Perspektive der Schüler nicht unbedingt den Vorstellungen eines Erwachsenen entspricht. Kindliche Kreativität ist noch unbegrenzt.

Wohlfühlsprache: die Giraffensprache

Ärgerliche Mitteilungen sollten mittels deutlicher **Ich-Botschaft** ausgedrückt werden.
Hierzu veröffentlichte die Bundeszentrale für gesundheitliche Aufklärung eine Publikation über „Achtsamkeit und Anerkennung" (siehe Literaturverzeichnis, S. 117). Demnach können Schüler der 2. bis 5. Klasse mit der „**Giraffensprache**" (= Gewaltfreie Kommunikation; siehe www.cnvc.org; in 15–25 Unterrichtsstunden) lernen, klare Kommunikation zu üben, indem sie Ich-Botschaften verwenden. Das Konzept wurde in Anlehnung an das Prinzip der gewaltfreien Kommunikation vor dem Hintergrund des personenzentrierten Ansatzes von Carl Rogers entwickelt.

Kinder identifizieren sich gern mit Tieren. Die **Giraffe** hat das größte Herz von allen landlebenden Tieren, den längsten Hals für den stets besten Überblick und die größte Distanz zu allem, was den Einzelnen stört. Mit der Giraffensprache suchen wir nicht Fehler, sondern arbeiten mit den Gefühlen und Bedürfnissen aller Beteiligten: *„Wie fühle ich mich, wenn du X tust oder unterlässt?"* Die Giraffensprache ist eine Sprache des (großen) Herzens.

Zu einem **Wohlfühlklima im Klassengefüge** gehört eine **Wohlfühlsprache**, die im Umgang miteinander angenehme Gefühle entstehen lässt. Problemsituationen rufen in der Regel laut und unwirsch beschimpfende Du-Botschaften bei den Schülern hervor.
Oft sind Fehldeutungen, Missverständnisse oder einfach Sprachlosigkeit ein Grund für einen Konflikt. Sehr junge Schüler müssen eine klare Kommunikation noch lernen. Ein wertfreies Beschreiben (*„Ich sage, **warum** mich **was wobei** stört."*) setzt einen Gedankenprozess voraus, den Kinder im Laufe ihrer Schulzeit erst erarbeiten müssen, um demokratische Entscheidungen zu finden. Vielen Schülern fehlen auch noch präzise Wörter, um Probleme zu beschreiben, die sie aus dem Leben vor der Schule gar nicht kennen.
Die Wörter „immer", „dauernd", „ständig", „nie" werden aus Problemsituationen und

Konflikten in der Giraffensprache herausgestrichen.
Beispiel: Paul leiht sich ungefragt den Radiergummi seines Tischnachbarn. *„Immer nimmst du Idiot meine Sachen"* (= Du-Botschaft), schreit dieser. Beide Schüler sind aufgeregt und streiten: der eine, weil er glaubt, nichts ausgeliehen zu bekommen, der andere, weil er sich bestohlen fühlt. Ein klassisches Problem. Die Schüler empfinden die Situation als unangenehm.
Mit klarer Kommunikation in der Ich-Botschaft würde die Situation folgendermaßen verlaufen: *„Wenn du meine Sachen nimmst, ohne mich vorher zu fragen, bin ich sauer."* Paul weiß nun genau, was seinen Tischnachbarn stört. Er weiß, dass es nicht Paul als Person ist, sondern das, was er getan hat. Das negative Gefühl beruht auf Pauls Handlung und wird mit der Änderung dieses Verhaltens verschwinden.

Auch kleinere Kinder lernen schon, zwischen Tun und diesem Signal zu unterscheiden: *„Das war zwar nicht ok, was du da gemacht hast, aber du gehörst trotzdem noch zu uns. Wir werden das gemeinsam in Ordnung bringen."* So wird nicht ein Täter weggeschickt, sondern das, was er getan hat.

Geübt werden kann die Sprache des Herzens mit vorgegebenen **Satzbausteinen**. Sie führen den Sprecher zur genauen Definition dessen, was er eigentlich sagen möchte.

Als Einführungshilfe für die Giraffensprache können Sie die Satzteile oder auch nur die Symbole hierfür verwenden (siehe S. 84). Die Satzstreifen/Symbole können Sie sowohl im Sitzkreis nutzen als auch (evtl. vergrößert) an der Wand befestigen.

Die Wolfssprache

Das Gegenstück zur Giraffensprache ist die Wolfssprache. Sie erschwert mit Worten, Betonungen und Gesten ein gutes Gespräch. Die Verantwortung für Unerwünschtes wird auf andere geschoben, man sucht nach **Schuld** und **Schuldigen**, z. B. *„Weil du meinen Radiergummi genommen hast, störe ich jetzt mit Fragen danach!"* oder *„Weil du so geschwätzt hast, habe ich nicht gehört, was Frau X gesagt hat!"*

Da der Wolf negativ besetzt ist, kommt es vor, dass er von kleineren Kindern bemitleidet oder allzu heftig abgelehnt wird. Beides ist nicht immer förderlich für eine Arbeit am Sprachverhalten der Schüler. Schließlich sollte sich niemand allzu lange mit Dingen beschäftigen, die er eigentlich nicht berücksichtigen möchte. Hier müssen Sie entscheiden, wie weit Sie die Unterschiede im Unterricht benennen und bearbeiten.

Damit sich die wertschätzende Form der Umgangssprache etabliert, ist es wünschenswert, auch den Eltern eine Einführungsinformation zu geben. Vielleicht möchten einige Eltern sogar am gesamten Lehrgang teilnehmen. Sicher profitieren so auch die Familienmitglieder von einer freundlicheren Umgangssprache.

Weiterführende Literatur finden Sie im Verzeichnis auf S. 117 – 118.

Zeitmanagement

Gleichermaßen müssen die Kinder das Reden innerhalb einer Zeitvorgabe lernen (Selbstmanagement). Dazu eignet sich eine Partnerarbeit aus dem Sitzkreis heraus. Die Klasse wird in beliebige 2er-Gruppen aufgeteilt. Formulieren Sie einen klaren Auftrag.
Beispiel: *„Gehe mit deinem Partner zurück an euren Platz. Bespricht gemeinsam, welche Regel für euch bei einer Unterhaltung besonders wichtig ist. Entscheidet euch, wer das gefundene Ergebnis vortragen wird. Nach fünf Minuten wird ein Zeichen ertönen. Dann kommt ihr zurück in den Stuhlkreis. Dort hat der Redner zwei*

Minuten Zeit, um uns von eurem Resultat zu berichten."
Klären Sie eventuelle Verständnisfragen: *„Habt ihr alles verstanden? Bitte wiederholt kurz den Arbeitsauftrag."*
Die Schüler antworten, gehen zurück zu ihren Plätzen und erarbeiten ihr Ergebnis. Mit dem akustischen Signal beenden Sie den Arbeitsabschnitt. Die Kinder kommen zurück in den Kreis. In einer unzensierten „Brainstorming-Runde" tragen alle im Stuhlkreis ihr Ergebnis vor.
Die Zeitvorgabe durch Klanghölzer, einer Triangel oder Ähnlichem, muss unbedingt eingehalten werden, ob ein Satz nun beendet worden ist oder nicht. Auch eine mögliche Schweigeminute darf entstehen.
Die Schüler lernen, zu ermessen, wie viel Zeit der Einzelne für bestimmte Arbeiten benötigt. Oft muss auch in die andere Richtung erst gelernt werden: *„Wie lang sind zehn Minuten und was kann ich in zehn Minuten tun?"*

Allgemeine Tipps

Die einzelnen **Ämter** werden – auch den Eltern – klar beschrieben und in kleinen Schritten an die Schüler delegiert.

Suchen Sie gemeinsam mit den Kindern einen **Termin** für die Klassenratsstunde. Ein Klassenrat als feste Lerneinheit muss einen festgelegten Platz im Stundenplan bekommen. Würde er als Lückenfüller in akut freie Stunden wechseln, verliert er an Wichtigkeit und etwas von seinem Ritualcharakter. Die Etablierung stünde schnell in Frage. Die Zuverlässigkeit der Problemlösung ist eine Rahmenbedingung des Klassenrats.

Vereinbaren Sie mit den Kindern die **Redezeit**. Mit einer Sanduhr können die Schüler üben und sehen, wie viel Zeit der Einzelne für einen Satz oder einen Text benötigt. Sie lernen, nur themenbezogene Worte zu gebrauchen und gedanklich beim Themeninhalt zu bleiben.

Besonders ein eventuelles **Protokollteam** muss vom Lehrer angeleitet und begleitet werden, damit es später selbst Nachfolger anleiten kann.

Wenn die Schüler sich für ein **Klassenratsbuch** oder einen Hefter entschieden haben, behandeln sie es/ihn in der Regel auch pfleglich.
Zur Einübung kann ein Buchverwalter bestimmt werden.

Bis es sinnvoll und möglich ist, ein zu beschreibendes Buch oder eine „Blattsammlung" einzuführen, können Sie **Symbolkarten für die Anliegen der Kinder** nutzen. Dazu finden sich gelegentlich Karten in Memory®- oder Kartenspielen. Kreative Schüler erschaffen auch schon mal ein Gemälde aus ihrem Problem. Wichtig ist, dass immer der Name dazugeschrieben wird. Ausgeschnitten und laminiert sind sie eine Zeitlang gut gebrauchsfähig. Sie können in zwei Kartons, je einen für alle Symbole und einen für die ausgesuchten Karten, deponiert werden.

Anfangs werden viele Kinder etwas **anonym** schreiben oder malen. Diese Anliegen werden nicht behandelt, aber dennoch sollten Sie versuchen, zu ermitteln: *„Ich habe gelesen, dass ... Wir behandeln keine anonymen Hinweise, aber der Schreiber kann mich nachher in der Pause daraufhin ansprechen."*

Für das Aufschreiben der Anliegen eignen sich Kärtchen (siehe S. 83), eine Pinnwand, ein Klassenratsbuch oder Hefter mit Vorducken. Eventuell können der Redegegenstand, eine Uhr, ein Klanginstrument für den Zeitwächter und Schreibmaterial in einer **Klassenratskiste** an einem festen Platz im Klassenraum aufbewahrt werden.

Niemand ist gezwungen, etwas zu sagen. Die Themen müssen aktuell sein. Die Schüler sollen eigene Anliegen **selbst vortragen**, nicht diejenigen von anderen.

Es gibt immer wieder sogenannte „soziale" Schüler, die Probleme der anderen sehen und vortragen. Diese Aufmerksamkeit ist lobenswert. Aber ein so geschildertes Problem sollte nur besprochen werden, wenn alle Beteiligten das auch so sehen.

Nach dem Vortragen der einzelnen Anliegen in Listenform muss die **Reihenfolge der Wichtigkeit** bestimmt werden. Was könnte eventuell vertagt werden? So ist der Zeitrahmen besser einzuhalten.

Sind Anliegen mit oder ohne **Abstimmung** verhandelbar? Auch das ist hinsichtlich der Zeit wichtig, zu wissen.

Für **junge Schüler sind gezielte Fragen** des Vorsitzenden bezüglich eines Problems hilfreich. Oft reicht der eigene Wortschatz zur genauen Beschreibung noch nicht aus.
Ja- oder Nein-Fragen dürfen hier nicht suggestiv formuliert sein, wie z. B.: *„Könnte es so sein, dass du nicht mehr mit Lisa zusammen aufräumen möchtest?"*
Offene Fragen dürfen keine Antwort vorgeben, wie z. B.: *„Ihr wollt euch heute auf das Ausflugsziel Hüpfburgenland einigen?"*
Warum-Fragen wären verdeckt vorwurfsvoll oder abwertend und sollten vermieden werden, wie z. B.: *„Warum hat Lisa schon wieder ihre Aufgabe vergessen?"*

Zirkulärfragen (der systemischen Beratung entlehnt) bringen Gespräche voran. Dabei erfragt der Moderator die Meinungen anderer, eigentlich unbeteiligter Personen, zu bestimmten Themen, wie z. B.: *„Lisa, was glaubst du, wie Anna sich fühlt, wenn Maike beim Diktat von ihrem Heft abschreibt?"*
Die Gefahr besteht allerdings hierbei, dass ein Gespräch zeitaufwändiger wird als geplant, weil statt der Konfliktpartner nun weitere Angesprochene antworten. Zudem könnte eine derartige Formulierung den Eindruck eines „Über-Andere-Sprechens" wecken oder abwertend wirken und wäre also besser in einer anderen Gesprächsrunde platziert.

Häufig sind die **Konflikte** auch sehr simpler Natur. Während des Mitteilens sehen die Schüler schon ein, dass ein Verhalten unangemessen war, und möchten die Angelegenheit aus der Welt schaffen.

Beispiel:
Lisa rannte auf dem Schulhof so dicht an Paul vorbei, dass dieser seinen Apfel zu Boden fallen ließ, was Paul sehr ärgerte. Paul formuliert sein Anliegen. Lisa blickt leicht beschämt in die Runde.
Nun ist eine den Regeln entsprechende Entschuldigung angebracht:

1. sich ansehen
2. sich die Hand geben
3. sagen, wofür man sich entschuldigt
4. Vereinbarung zur Besserung.

Im **Brainstorming**, ähnlich einer Blitzlichtrunde, können gewählte Lösungsvorschläge wiederholt und im Protokoll dokumentiert werden.

Bei abstimmungspflichtigen Anliegen kann eine zügige Entscheidung mit einer **Stimmabgabe** geschehen. Z. B.: alle stehen auf, die Ja-Wähler setzen sich, die Nein-Wähler bleiben stehen.

Die Protokollierungsformel „**Wer** tut **wo was** mit **wem** bis **wann**?" ist von allen leicht beachtbar. Abschließend werden die Beschlüsse noch einmal vorgelesen. In der Erinnerung bleibt damit zunächst die Lösung eines Problems – ohne Unsicherheiten oder unangenehme Empfindungen.

Das **Einordnen von Problemen in passende Themenbereiche** kann selbstständig geschehen. In den meisten Fällen ist dies der erste Schritt zur Auflösung eines Problems oder die Weiterleitung in die nächste, übergeordnete Versammlung.

Der Klassenrat erfüllt demokratische Grundsätze. Es **wird** mit den Menschen, nämlich Schülern, gesprochen, **nicht über** sie. Miteinander etwas zu entscheiden führt zum Miteinandersein.

Eine Schulklasse ist ein dynamischer Prozess. Mit kreativer Beteiligung aller kann eine wirkliche Demokratie gelingen. Ein Einigungsvorgang, der im täglichen Leben geübt und beherrscht wird, kann im **Leben nach der Schulzeit** wie selbstverständlich in schwierigen Situationen erweitert werden.

Besonders im Bereich Moderation können wichtige Methoden-, Prozess- und Beziehungskompetenzen erworben werden.

Zur Einübung erwünschter Kompetenzen und zum Erreichen angestrebter Lernziele wäre auch eine Reihum-Vergabe der Ämter an alle Schüler einer Klasse, vielleicht nach dem Alphabet, für je zwei oder drei Wochen denkbar.
Zum guten Gelingen eines Klassenrats trägt die **verbindliche Vergabe fester Ämter** mit klar umschriebenen Anforderungen, Rechten und Pflichten bei. Dazu müssen Sie jedes einzelne Amt im Blick behalten und auch zwischendurch immer mal wieder gut beschreiben. Ein regelmäßiger Wechsel gibt jedem Kind die Möglichkeit, alle Kompetenzen einzuüben.

Mit dem **Eintrag ins Klassenratsbuch** (gleichgültig welcher Art) hat ein Kind seine erste Wut schon „von der Seele" geschrieben. Oft beugt das einer größeren Eskalation vor. Das Kind vertraut darauf, dass dieses Problem an einem bestimmten Tag geklärt werden wird.

Besonders wichtig ist es, für die Klassenratsstunde eine **angenehme, angstfreie Atmosphäre** zu schaffen, möglichst einen Stuhlkreis. Als Grundlage für demokratisches Leben und langfristig positives Arbeiten sollte der Klassenrat fest in das jeweilige **Schulprogramm** einbezogen sein – als ein Konzept, das durchaus modifiziert werden kann. Sitzungen dürfen nicht ausfallen. Gegebenenfalls kann die Stunde für soziales Lernen genutzt werden, wie etwa Gesprächsführung, das Üben des Protokollschreibens oder das Einhalten der Redezeit.

Die Relevanz des Einhaltens vorgegebener Redezeit sollte nicht unterschätzt werden. Neben dem Zeitplan des Klassenrats und anderer Gespräche wird intuitiv ein eigenes **Zeitmanagement** eingeübt.

Zurzeit zeigen aktuelle politische Ereignisse, wie wichtig es für diese Generation ist, schon als junge Schüler zu lernen, wie man Konflikte gewaltfrei in Gesprächen löst. Der eigentliche europäische Gedanke ist demokratisch geprägt. Er darf nicht an den Grenzen Europas enden. Ein Staat wie Deutschland hat in Sachen **Demokratie** eine Vorbildfunktion. Kinder, die von Beginn an gewaltfreie Kommunikation lernen, werden zu Politikern, die nicht länger zulassen, dass z. B. Millionen von Kindern und Jugendlichen als politische Flüchtlinge im Nirgendwo ohne Lebensgrundvoraussetzungen und Schulbildung leben müssen. Nur Demokratie gestattet es Kindern, nein zu sagen zu Kinderarbeit, Waffen und Ausbildungen zu Kindersoldaten.

Gelegentlich gibt es Klassen, in denen ein Gemeinschaftsgefühl fehlt. Kleine Grüppchen spalten sich von den übrigen Schülern ab, wollen nicht in den Pausen mit anderen zusammen sein. Vereinzelte Schüler bleiben für sich. In solchen Fällen kann ein Klassenrat mit einem **Collagenspiel** begonnen werden, um den Schülern die Gruppe mit ihren durchaus normalen Gruppenproblemen visuell zu demonstrieren: Ein farbiger Fotokarton wird in so viele Teile zerschnitten, wie die Klasse Mitglieder hat, einschließlich der sonstigen Betreuer und Pädagogen. Jeder schreibt oder malt etwas auf sein Stück Papier, das ihm besonders in oder an der Klasse (evtl. auch am Raum) gefällt. Nun werden die Teile auf einem zweiten Fotokarton wieder zusammengeklebt. Dieses Plakat wird zu den ersten Klassenratsstunden für alle sichtbar platziert. Man könnte eine solche Übung zum Schuljahresende wiederholen. Denn sicher haben sich nach erfolgreichen Problemlösungen im Klassenrat eine Menge Punkte in den Köpfen der Schüler verändert. Vielleicht muss das Blatt für die Wiederholung gar nicht zerschnitten werden. Es könnte in die Mitte des Stuhlkreises gelegt werden und jeder schreibt seinen Beitrag darauf.

Eine weitere **Übung zur Empathie und zum Gruppenerleben**: *„Was denkt oder fühlt wohl X zu diesem oder jenem Problem?"*
Alle Schüler beginnen, ein Bild über ein beliebiges Thema zu malen. Nach kurzer Zeit (etwa zehn Minuten) werden alle Bilder eingesammelt und wahllos wiederverteilt. Nun malt jedes Kind das Bild eines anderen Kindes, das es bekommen hat, weiter.
Ist die Arbeit beendet, kann jeder Schüler „sein" Gemälde vorzeigen. Im Gespräch werden die unterschiedlichen Gedanken und Pläne deutlich. Das Erkennen und Anerkennen individueller Ausführungen zu demselben Thema öffnen einen Weg zu Toleranz und gegenseitigem Verständnis.

Sehr hilfreich ist auch ein **Singkreis**. In diesem Fall bekommt das Singen von Kanons besondere Bedeutung: Nur als ganze Gruppe ist ein solches Lied zu singen.

Als Lerninstanz kann die Klassenratszeit mit dem Ziel Schülerparlament auch ausgeweitet werden auf **Besuche in örtlichen Diskussionsforen**, wie Landtag oder Regierungsgebäuden. Hier sehen die Schüler, dass „Gesprächsrunden" wirklich kreisförmig angelegt sind, was übertragbar ist auf die Tatsache, dass ein gutes Gespräch „rund" sein soll. Gern stellt sich auch der ortseigene Jugendrat für kindliche Belange vor. Schüler sind in den meisten Arbeits- und Info-Treffs sehr willkommen. Hier stehen z. B. eine Spielplatzsanierung oder auch mal die Grünphase einer Ampel als Diskussionsthema an. Die Schüler lernen, eigene Anliegen in Worte zu fassen und an die passende „Wunscherfüller-Stelle" zu bringen (siehe auch www.jugendrat.de).

Nach einiger Übung können Klassenratsmoderatoren eine spezielle Ausbildung absolvieren. Diese setzt schon recht gute Schreib- und Lesefähigkeiten voraus.
Es gibt spezielle Konzepte zur Schulung. Die Modalitäten eignen sich für Grundschüler noch nicht, wenn auch der eine oder andere Viertklässler schon gute Kompetenzen zur Leitung von Diskussionen erworben hat. Ein solcher Lehrgang ist umfangreich und die gelernten Fähigkeiten müssen zur nutzbaren Verankerung regelmäßig angewendet werden. Begleitet werden die Kurse von Fachlehrern oder Sozialpädagogen meist außerhalb der Heimatschule. Sinnvoll ist das, wenn die Schule sich dauerhaft für das Klassenratsmodell in ihrem Konzept entschieden hat.

Erarbeitete Themen können über den Klassensprecher in die nächstübergeordnete Klassensprecherversammlung, zur Schulversammlung und bis zum Schülerparlament gebracht werden. Die Schüler sehen einen **Instanzenweg**, wie es ihn im Leben nach der Schule geben wird.
Im Klassenrat wird Schule zum Spiel-Modell für erstrebenswertes Zusammenleben.

Etablierung eines Klassenrats

Hier hilft die **Ritualisierung** neben dem Erfolg. Die Schüler gewöhnen sich recht schnell daran, in der Runde ihre Probleme erfolgreich zu lösen. Wenn heftige Streitereien konsequent mit einem „Not-Aus-Signal" (z. B. einem energisch lauten *„STOPP"* der Lehrkraft) gestoppt werden, um in der nächsten Klassenratssitzung nachbearbeitet zu werden, wird das Klima deutlich besser.

Die Schüler erleben sich mit ihren Konflikten als ernstzunehmende Personen. Sie versuchen oftmals selbstständig, ihren **Wortschatz** zu erweitern, um ihre Anliegen verstehbar zu formulieren. Je jünger die Schüler sind, umso besser lernen sie, eine sachliche Streitkultur anzustreben.

Kinder, die schnell tätlich aggressiv werden und auch schon mal nach Gegenständen treten, lernen mit der Zeit, ihr Verhalten besser zu kontrollieren, wenn sie verlässlich wissen, dass der „Wutgrund" später im Gespräch geklärt wird. Sie erfahren im Klassenrat eine **Würdigung**, wenn sie es geschafft haben, sich anders abzureagieren. So wird erwünschtes Verhalten belohnt. Die Basis für eine Verhaltensänderung ist, wenn auch langsam, geschaffen.

Auch **zu Hause** bei den Eltern wird auffallen, dass es nur wenig Eskalationen auf dem Pausenhof oder Probleme im Klassenleben gibt, die elterliches Einmischen fordern.

Wenn zwei oder drei Klassen mit dem Klassenrat zur Erprobung erfolgreich umgehen, wird sich die Praktik schnell auch in allen anderen Klassen etablieren. Dazu muss er sich im **Schulkonzept** als feste Instanz wiederfinden.

Motivation von Kollegen

Es gibt immer mal wieder Kollegen, die regelmäßigen Klassenrat als Zeitverschwendung betrachten oder den Kindern nicht zutrauen, eigenverantwortlich Konflikte zu lösen. Verschiedene Lehrkräfte sind der Meinung, dass „Streitereien" auf den Pausenhof und nicht in den Klassenraum gehören.

Zunächst kann über den Hinweis auf **Lehrpläne** ein Umdenken angeregt werden. Im Fach Sachunterricht wird ein Klassenrat neben Beratungen, Abstimmungen, Wahlen als nutzbares adäquates Verfahren aufgeführt, um Entscheidungen herbeizuführen. Die Schüler sollen Regeln und Bedingungen für verträgliches Zusammensein in der Schule selbstständig erarbeiten können.

Die Art und Weise, in der die Schüler den Klassenrat durchführen, ist zwar nicht benotbar, jedoch können aus der jeweiligen Umsetzung **bewertbare Schlüsse für Lernerfolge** gezogen werden. Hier können Sie Wortschatzerweiterungen bei den Schülern feststellen, die weit außerhalb der Unterrichtsbücher liegen. So mancher Schüler, der sich im Unterricht eher zurückhaltend zeigt, wird im Klassenrat zum wahren Redeprofi. Erlebt ein Kind Erfolg im Klassenrat, wird es sich auch im Unterricht mehr zutrauen und mitarbeiten.

Das Klassenratsmodell fördert Selbst-, Gesprächs- und Moderationskompetenzen. Mit der Aufteilung von Verantwortung und Besprechung der Probleme bedeutet der Klassenrat eine psychologische **Entlastung der Lehrkraft**.

Durch ein Vertagen der Besprechung von Problemen auf die fest terminierte Klassenratsstunde wird das allgemeine **Unterrichtsklima** störfrei. Zudem wird das Klassenklima mit der Vertagung von situativ auftretenden Komplikationen freundlicher. Die Störzeit wird reduziert auf den stillen Eintrag in das Klassenratsbuch. Probleme, die bisher mit der Lehrkraft in der Pause oder im Unterricht besprochen werden müssen, können ohne Bedenken verschoben werden. Unterrichtszeit bleibt Unterrichtszeit. Auch Sie können die Pause als Pause nutzen.

Konflikte einzelner Schüler bleiben bis zur Klärung auf der **Zweier-Ebene**. Das bedeutet, dass im akuten Konfliktfall nicht die Hälfte aller Kinder sich einmischt und den Unterricht stört.
Die Echtheit erlaubt das **Selbst-Sein** (nicht so tun, als ob), die Annahme des Gegenübers als Person, die ein Problem haben darf, und mit Einfühlungsvermögen Verständnis für die Person (nicht für das Problem) zu haben.

Diese gewünschten Eigenschaften werden gefördert und sichtbar.

Die Schüler **hören einander aktiv** zu: Ein Redner genießt ungeteilte Aufmerksamkeit aller, Blickkontakt und Stille deuten das Verstehen und die Antworten, Lösungsvorschläge bestätigen das Empfangen der Botschaften, nicht als ein sogenanntes „Empfänger-Konstrukt", sondern als genau das, was gesagt wurde.

Mit gegenseitigem Respekt und interpersoneller Anerkennung entsteht eine starke **Klassenverbundenheit**, die Lernen als Gemeinschaft fördert. Im Gesamtgefüge bleibt bei der Lernmotivation selten ein Schüler zurück.

Die **Wohlfühlsprache** schafft ein gesundheitsförderndes Wohlfühlklima. Wenn die Schüler im Klassenrat lernen, Konflikte, Uneinigkeiten oder Probleme mittels geregelter Gesprächskultur zu lösen, wird Gewalt oder gar Mobbing die Basis verlieren. Gewalt nimmt deutlich ab, während wertschätzender Umgang miteinander zunimmt.

Im Klassenrat wird die **Heimat Klassenraum** durch „Reviere, Regeln, Rituale, Routine" (nach Hilbert Meyer, Was ist guter Unterricht?, Berlin 2004) als ein regelgerechter Lernort anerkannt. Hier ist jede Stimme wichtig. So erfahren auch leistungsschwächere Kinder ihre Zugehörigkeit zur Klassengemeinschaft und steigern ihre Lernmotivation für andere Unterrichtsinhalte.

Die **Inklusions- und Integrationsarbeit** in den Grundschulen wird in den nächsten Jahren weiter wachsen. Der Anspruch an die Toleranz aller Beteiligten steigt. In Klassenratsgesprächen können Kinder mit und ohne Förderbedarf sehen und lernen, dass es z. B. auch Verhaltensweisen gibt, die sich nicht so einfach ändern lassen, mit denen man sich arrangieren muss. Die Schüler müssen lernen, auch unter widrigen Lebensumständen ihre Lernziele zu verfolgen (=Resilienz). Nach konstruktiven Gesprächen wird das Ärgern oder Ausgrenzen einzelner Kinder auf dem Pausenhof verschwinden. Wegen der Fluktuation einer Grundschule kann dauerhaft gut nur mit einer fest eingebundenen Klassenratspraktik eine wünschenswerte Inklusion gedeihen. Je früher ein Mensch lernt, Konflikte friedlich zu lösen, umso sicherer bleibt Friede erhalten.

Laden Sie **Gegner der Klassenratspraktik** ein, an einer Stunde teilzunehmen. Die Disziplin der Schüler, die sich erfahrungsgemäß immer an die Regeln halten, wird überzeugen und die Merkmale guten Unterrichts eindrucksvoll demonstrieren:

- klare Strukturierung
- hoher Anteil an echter Lernzeit
- lernförderliches Klima
- sinnstiftendes Kommunizieren
- Methodenvielfalt
- intelligentes Üben
- transparente Leistungserwartung
- gut vorbereitete Umgebung
- Kompetenzerleben, Zugehörigkeit und Selbstwirksamkeit
- Lernmotivation, Motivation im Allgemeinen
  (nach Hilbert Meyer, Was ist guter Unterricht?, Berlin 2004)

Ein weiteres Argument für die Klassenratspraktik: Manchmal werden auf diese Weise **Probleme entdeckt**, die ohne einen Klassenrat gar nicht aufgefallen wären, weil eben ein Gesprächsbedarf der Anliegen fehlt.

Gerade bei sehr jungen Schülern wird **inadäquates oder eigensinniges Verhalten** oft als entwicklungsbedingt angesehen. Klassenstärken von über 20 Kindern erlauben es Ihnen nicht immer, einzelne Auffälligkeiten präzise zu beobachten. Kleine Streitigkeiten und Rangeleien werden nur zu oft harmloser eingestuft, als sie sind.

Dennoch sollten Sie auf jeden Fall bedenken, dass der Klassenrat freiwillig ist, eben demokratisch. Es gibt auch ab und zu **Schüler, die nicht teilnehmen wollen**. Auch das muss akzeptiert werden. Diese Kinder müssten sich entweder still im Klassenzimmer beschäftigen oder als Gast in einen anderen Unterricht ausweichen. Sie sollten aber nicht nach Hause gehen können, wenn die Klassenratsstunde am Ende des Vormittags liegt.

Da die Schule auch **erzieherische Aufgaben** hat, hat auch die Freiwilligkeit Grenzen. Wenn Schüler sich immer wieder weigern, an der Klärung von Anliegen teilzunehmen, an denen sie beteiligt sind, muss dieses Problem an anderer Stelle behandelt werden. Z. B. können unbeteiligte Lehrkräfte oder ein Schulsozialarbeiter als Streitschlichter in Einzelgesprächen vermitteln. Auch eine Konfliktmoderation außerhalb der Klassengemeinschaft kann helfen. In sehr schwierigen Fällen können die Eltern miteinbezogen werden, unter Umständen ist therapeutische Hilfe angebracht.

Themen und Aufgaben für den Klassenrat

Neben Konflikten der Schüler untereinander können folgende Themen im Klassenrat behandelt werden:

- Es gibt in jeder Klasse Kinder, die mit der **Sitzordnung** nicht einverstanden sind.
- Geplante **Unternehmungen**, Projekte oder Ausflüge müssen besprochen werden.
- Die gemeinsame Besprechung eines **Wochenplans** vereint die Schüler zu einer Gruppe, die ihr Zusammenleben gestaltet: eine Basis für Mitbestimmung.
- Die Schüler sind nicht mit der **Hausaufgabenmenge** einverstanden (Zeitmanagement).
- Ein Schüler fühlt sich nicht genügend in der Gruppe akzeptiert. Es können integrationsbedingte Konflikte entstehen.
- Die Verteilung der **Klassendienste** regeln die Schüler gern im Klassenrat. So können sie beinahe vollkommen demokratisch und eigenverantwortlich vom Lehrer delegierte Arbeiten erledigen. Sie bestimmen selbst, dass sie für wichtige Aufgaben in der Gemeinschaft zuständig sind. Wenn alle das so beschlossen haben und kein anderer für die jeweilige Aufgabe zuständig ist, wird ein Dienst in der Regel auch gewissenhaft ausgeführt. Alles beruht auf Freiwilligkeit. Wenn ein Dienst getauscht oder abgegeben werden soll, wird im Klassenrat ein Nachfolger oder auch nur ein Vertreter ausgesucht.
- Eigene Ideen zu selbstgewählten **Lernvorhaben** können vorgetragen werden oder sogar in der Diskussionssituation entstehen.
- Einige jüngere Schüler entwickeln oft Konflikte in freien Spielsituationen, die sie nicht selbst lösen können. Im Klassenratsgespräch wird manchmal klar, dass einfach das „**Mit-anderen-spielen-Können**" geübt werden muss. Mit Lernspielen in vorgegebener Zeit, mit einem, zwei oder mehr Mitspielern kann diese Sozialkompetenz erweitert werden zu „Gewinnen ohne Häme – Verlieren ohne Frust".

Wie der Name es sagt, gehören ausschließlich Anliegen der Schüler, Themen und Konflikte innerhalb einer Klasse in Klassenratsgespräche. Treten **Probleme mit einer anderen Klasse** auf, können einleitende Schritte zur Lösung gesucht werden. Rollenspiele bieten eine Möglichkeit des Perspektivenwechsels. Hilfreich ist es, sich das Namensschild des Konfliktpartners auf die Stirn zu kleben oder seine Mütze zu tragen. Die Kinder versuchen, sich in die Konfliktpartner einzufühlen, um die Reaktionen besser zu verstehen. Manchmal sehen sie so schon eine Lösung. Meist wird ein Termin zur Versammlung beider Klassen gesucht.

Gibt es ein **Problem mit anderen Lehrern**, sollten diese zum Klassenrat eingeladen werden, um Loyalitätskonflikte zu vermeiden.
Nachdem die Schüler so ein Problem sachlich geschildert haben, kann die Lehrkraft zunächst in einem Perspektivenwechsel mit den Schülern ein solches Gespräch üben.

Es kann auch vorkommen, dass **außergewöhnliche Geschehnisse im Leben eines Schülers** zum Klassenratsthema werden. So kann ein Kind z. B. im Gespräch mit den Mitschülern Streitigkeiten naher Angehöriger für sich selbst klären. Eine internationale Hochzeit in der Familie kann in einem Klassenratsgespräch mit allen Vor- und Nachteilen sowie den vorhandenen Interessen der Schüler an interkulturellen Themen sehr lehrreich für alle besprochen werden.

Kinder, die krankheits- oder entwicklungsbedingt ihre ersten zwei oder drei Schuljahre in **Förderschulen** verbrachten, können sich nicht immer problemlos in eine Regelschule einfügen. Die Schüler wurden in Kleingruppen von 12 bis 14 Kindern von besonders ausgebildetem Personal und bis zu drei Pädagogen je Klasse unterrichtet. So entstanden intensive Beziehungen. Für die Kinder bedeutet die nun folgende „Regelbeschulung" neben dem Beziehungsverlust und der Aufnahme in eine mehr als doppelt so große Schülergruppe auch, klar zu erkennen, dass es ein Defizit gab. Im Klassenrat kann fair und gleichberechtigt über die Integration in die neue Klasse gesprochen werden. Einer Diskriminierung wird vorgebeugt, wenn alle Schüler verstehen, dass ein solches Kind den gleichen Wissensstand haben muss, um in ihre Klasse zu wechseln oder dass dieser Schüler nun gesund ist. In einem positiven Klassenklima wird es diesem Kind leichter fallen, die Aufmerksamkeit der Lehrkraft mit möglicherweise 25 anderen Kindern zu teilen.

In Form der **Konfliktmoderation** können die einzelnen Punkte bearbeitet werden. Hierbei wird nicht über Ergebnisse abgestimmt. Die Betroffenen selbst, nicht die Klasse, suchen nach einer Lösung. Der Moderator muss sicher anfangs Wörter anbieten und problemerhellende Fragen stellen. Hilfreich ist es hier auch, die jeweilige Gefühlslage anzusprechen und die Bedürfnisse der Konfliktpartner zu erfragen. Folgt eine Einigung der Beteiligten auf eine für alle akzeptable Lösung, wird mit einer abschließenden Frage eine Vereinbarung getroffen, wie z. B. *„Könnt ihr alle damit leben, dass Paul ab sofort vor dem Unterricht seinen Tischnachbarn fragt, ob er den Radiergummi mitbenutzen darf?"*

Eine mögliche Konfliktlösung für einzelne Störenfriede stellt ein **Vertrag für die Hosentasche** dar (siehe S. 85). Eine schriftlich vereinbarte Verhaltensänderung in der Tasche zu tragen, verstärkt die Wichtigkeit und erinnert immer mal wieder daran, dass man etwas ändern will. Dieser Vertrag könnte in der folgenden Klassenratssitzung auf Erfolg überprüft werden.
Für junge Schüler ist es wichtig, sie nicht mit zu viel Text zu überfordern. Auch eine solche (Straf-)Konsequenz muss leistbar bleiben. Viertklässler dagegen können ein Verhalten schon etwas genauer beschreiben.

Rechtlich verbindlich ist ein Klassenrat als solcher nur in seiner Unterrichtszeit, eine **Pflicht des Klassenrats** ist nur in unserer allgemeinen Schulpflicht zu begründen. Dennoch müssen Klassenratsregeln, Beschlüsse, Ergebnisse oder Versprechungen als Konsequenzen verbindlich eingehalten werden.

Konflikte im Klassenrat friedlich zu lösen, ist ein wertvoller Schritt auf dem Weg zur Erfüllung des Rechts auf gewaltfreie Erziehung in allen Qualitäten.

Grenzen des Klassenrats

Auf keinen Fall ist der Klassenrat eine **Therapieform/-stunde**. Ein Schüler mit gehäuft auftretenden, groben Verhaltensauffälligkeiten gehört gegebenenfalls in eine Verhaltens- oder Familientherapie. Im Klassenrat würde sein unerwünschtes Verhalten thematisiert und damit noch mit Aufmerksamkeit belohnt, also verstärkt.

Der Klassenrat ist auch keine Form von **Gerichtsverhandlung**. Es werden keine Strafen oder moralischen Ermahnungen verhängt.

Anonyme Beschuldigungen bleiben unbesprochen. Der jeweilige Beschuldigende soll sein Anliegen vortragen können, um seine ganz eigene Sicht der Dinge darzustellen. Dennoch sollten Sie als Lehrkraft anonyme Anliegen diskret beachten. Es könnte sein, dass ein Schüler sich nicht traut, etwas für ihn Schwerwiegendes vor der Klasse anzusprechen. Ein gesondertes Gesprächsangebot kann Hintergründe aufhellen.

Es versteht sich von selbst, dass auch über **Straftaten** nicht diskutiert wird, soweit dieses bei Grundschülern überhaupt schon Thema sein sollte. Falls es einmal zu einem folgenschweren Unfall, z. B. durch „Beinchen stellen" auf dem Pausenhof kommen sollte, wäre dies natürlich als Körperverletzung eine Straftat. Im Klassenrat sollte allerdings nur erörtert werden, warum so etwas passierte und wie man sich künftig besser verhält.

Es wird nicht über **Sanktionen** abgestimmt, ausschließlich über Lösungen diskutiert.

Niemand **redet** über andere oder Nichtanwesende, sondern spricht denjenigen direkt an.

Da die Bereitschaft zur weiteren Mitarbeit im Klassenrat ungeschmälert erhalten bleiben soll, wird auch kein Kind **blamiert** oder **bloßgestellt**.

Probleme, die auf **mehreren Ebenen** auf einzelne Schüler oder Lehrer wirken, sind nicht für den Klassenrat geeignet. Hier sind viele kleine Schritte zur Auflösung von meist vielen einzelnen Konflikten nötig. Ein solch verschachteltes Problem wäre z. B. Folgendes: Ein Schüler lebt in desolater Familiensituation, hat keine Freunde, wegen schlechter Leistungen kein gutes Selbstwertgefühl und fällt immer wieder mit unakzeptablem Verhalten auf.
Solch ein Problem ist grundsätzlich nicht als Ganzes im Klassenrat lösbar. Aber viele kleine Probleme der einzelnen Schüler mit diesem Kind langsam aufzulösen und positiv zu bewerten, sind auf dem Weg zu Verhaltensänderungen immer noch besser und sicher wirksamer als bisher übliche Negativkonsequenzen, wie z. B. Strafen.

Themen, die mehrfach wiederkehren, sollten eine andere Gesprächsplattform finden. Möglicherweise verbirgt sich ein spezielles Problem dahinter.

Ebenso sind **persönliche Lernprobleme** und Inhalte, die die Persönlichkeit eines Schülers verletzen könnten, tabu, z. B.: *„X riecht so nach Schweiß".*

Zweierkonflikte sollten auf Dauer gesehen nicht im Vordergrund eines regelmäßigen Klassenrates stehen. Auch hier sollte auf einer anderen Gesprächsbasis nach Ursachen gesucht werden. Ein solches Problem bieten gelegentlich Zwillingskinder. Einerseits wollen sie unbedingt zusammen in derselben Klasse sein, können sich aber nicht als gleichberechtigte Mitschüler in notwendiger personeller Distanz akzeptieren. Wiederkehrend bringen sie Anliegen vor, die eigentlich Geschwisterkonflikte sind, wie z. B.: *„Mark hat schon wieder am Frühstückstisch die Butterbrotdosen vertauscht. Ich hätte doch viel lieber die gelbe und heute bin ich auch damit dran, die gelbe zu nehmen."*
Für Sie als Lehrkraft ist es eine große Herausforderung, den Schülern zu vermitteln, was

wirkliche Klassenratsanliegen sind und welche Probleme an anderer Stelle gelöst werden müssen. Aus der Perspektive der Kinder ist es gleichwohl ein Konflikt innerhalb der Klassengemeinschaft, wenn die Tischnachbarn sehen, dass Mark sein Recht auf die gelbe Dose nicht durchsetzen konnte. Dennoch ist es nicht immer so, dass die Kinder getrennt werden müssen. Kleinere familientherapeutische Interventionen bewirken oft ein besseres Miteinander.
Ab und zu kommen solche Geschwisterprobleme auch im Ganztag bei klassenübergreifendem Unterricht vor. Speziell betroffen sind die Klassen 3 und 4, was nicht untypisch in Förderschulen ist. Mit der Reduzierung dieser Schulen wird sich eine solche Konstellation auch in Regelschulen mit klassenübergreifendem Unterricht finden.
Entwicklungsbedingt ist es so, dass z. B. der große Bruder mit zehn Jahren sein Rollenverhalten gegenüber dem kleinen Bruder mit achteinhalb oder neun Jahren in die Schule bringt. Ein mögliches Anliegen wäre: *„Paul hat nicht meine Jacke mitgebracht, als er seine Jacke holte."*
Der Spagat zwischen guter Erziehung – zu Hause bringt man doch beide Jacken, wenn die Familie gemeinsam zum Spielplatz geht – und der Akzeptanz, dass der Bruder ein eigenverantwortlicher Mitschüler ist, der seine Jacke selbst holen kann, bringt die Kinder in Konfliktsituationen.
Es gestaltet sich äußerst schwierig, hier den jüngeren Schüler zu gewünschtem, angemessenem Verhalten zu dirigieren. Solche Anliegen unkommentiert zu lassen, wird den Schülern nicht erklären, warum eben diese nicht in den Klassenrat gehören.

Dort, wo viele Menschen über längere Zeiträume zusammenleben, wird es eben wegen **menschlicher Individualität** immer Schwierigkeiten, Konflikte und ungünstige Situationen geben. Kinder schätzen Entwicklungen nicht ein. Sie leben im Jetzt und mit sich selbst. Sie lernen noch, wie sich der andere fühlt und wie er reagieren wird. Sie sind sich der Wirkung ihrer Worte nicht bewusst und oftmals kennen sie auch nicht deren Bedeutung.

Letztlich kann ein Klassenrat auch nicht gänzlich alle Probleme lösen und leider auch nicht immer alle Kinder gleichermaßen begeistern.
Aber er bietet die Möglichkeit, **Schwierigkeiten früh zu erkennen** und offen damit umzugehen.

Der Klassenrat kann bei allem Vorteil auch zu einer **Projektfalle** werden, wenn er nicht von Anfang an, mindestens für ein ganzes Schuljahr, fest etabliert wird. Gemeinsame Fortbildungen der Lehrkräfte zum Thema helfen hier auch durch Erfahrungsaustausch.

Die Themen sollen nicht übergroß werden, indem schon Tage vorher ein **Redekonzept** zu einem Problem erstellt wird oder sich ein Problem im Gesprächsverlauf als sehr schwer lösbar darstellt. In solch einem Fall soll die Diskussion konsequent beendet werden – mit dem Hinweis auf Lösungsversuche an gesonderter Stelle.

Sehr junge Schüler zeigen oft Enttäuschung, wenn die Lehrkraft einmal verhindert ist. Dem **Vertretungslehrer** lesen sie nicht gern ihre Anliegen vor. Vertrauen muss sich langsam entwickeln. Trotzdem sollte ein Versuch gestartet oder die Stunde genutzt werden, um Gesprächsregeln, das Schreiben von Protokollen oder das Diskutieren über Demokratie allgemein zu üben. Geeignet ist eine solche Stunde auch, um den Perspektivenwechsel zu üben. Ein fremder Lehrer spiegelt den Schülern eine fremde Familie aus anderer Kultur. Verständnis und Empathie entwickeln sich unter lebensechten Voraussetzungen. Die Schüler begreifen Ursachen für Lebenswirklichkeiten aus anderen Biographien.

Klassenratsprotokoll

Klasse .... Datum ....

Anliegen ....

....

Lösung ....

....

➜ Wer wird das bis wann erledigen? ....

....

Anliegen ....

....

Lösung ....

....

➜ Wer wird das bis wann erledigen? ....

....

Anliegen ....

....

Lösung ....

....

➜ Wer wird das bis wann erledigen? ....

....

....

Datum Unterschrift Protokollantin/Protokollant

ISBN 978-3-8346-2978-4 | www.verlagruhr.de

Klassenrat: Ämter (1/3)

Vorsitzender

Zeitwächter

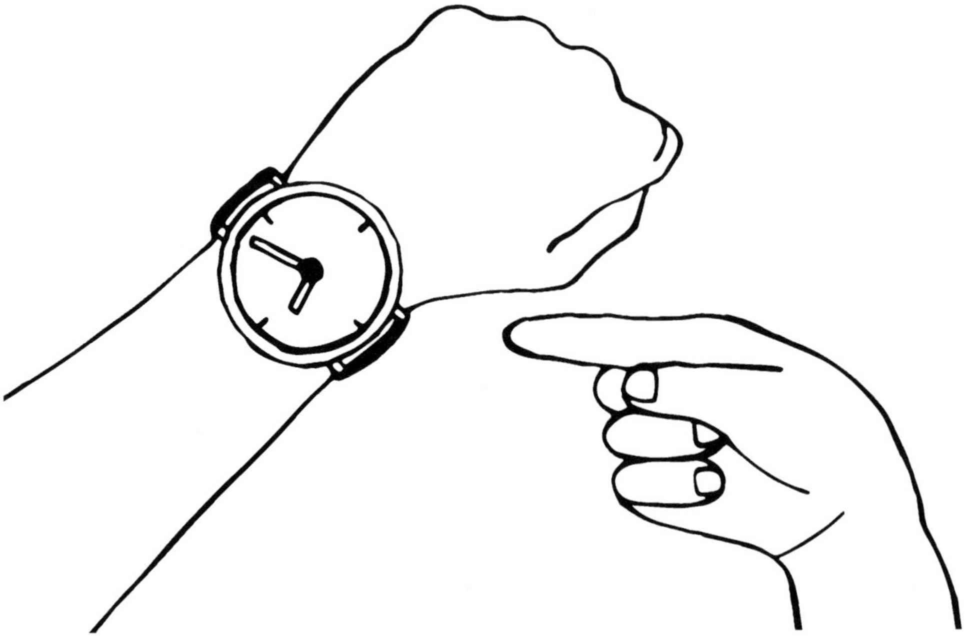

ISBN 978-3-8346-2978-4 | www.verlagruhr.de

■ Klassenrat: Ämter (2/3)

Protokollant

Vorleser der Anliegen

ISBN 978 3-8346-2978-4 | www.verlagruhr.de

Klassenrat: Ämter (3/3)

Regelwächter

Leisewächter

ISBN 978-3-8346-2978-4 | www.verlagruhr.de

Klassenrat: Anliegen

Mein Anliegen für den Klassenrat am ....

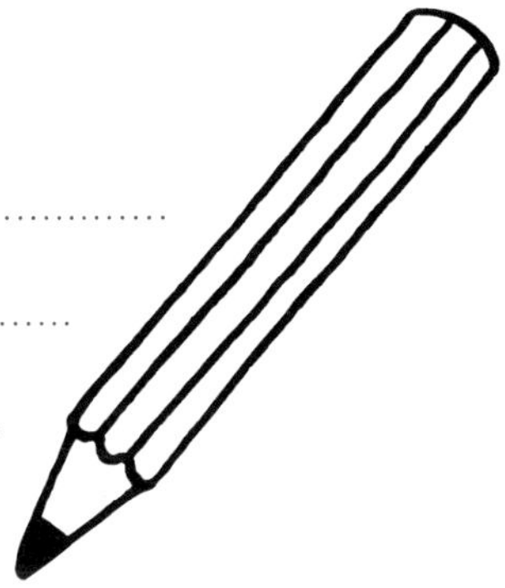

....

....

....

....

....

....

....

....

....

Mein Name: .... Datum: ....

Mein Anliegen für den Klassenrat am ....

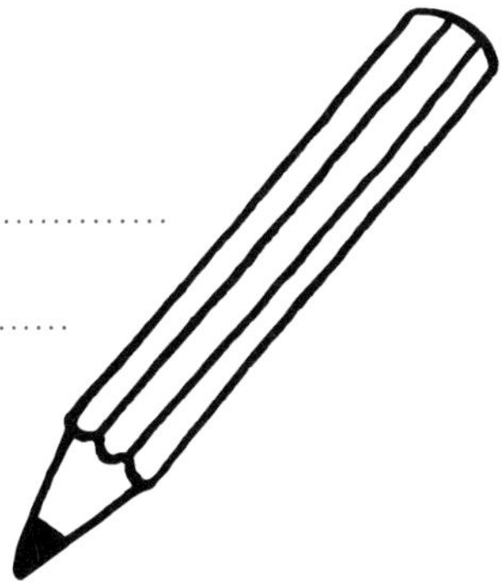

....

....

....

....

....

....

....

....

....

Mein Name: .... Datum: ....

ISBN 978-3-8346-2978-4 | www.verlagruhr.de

Giraffensprache: Satzbausteine

Mich stört, dass du …

Ich fühle mich …

Ich wünsche mir …

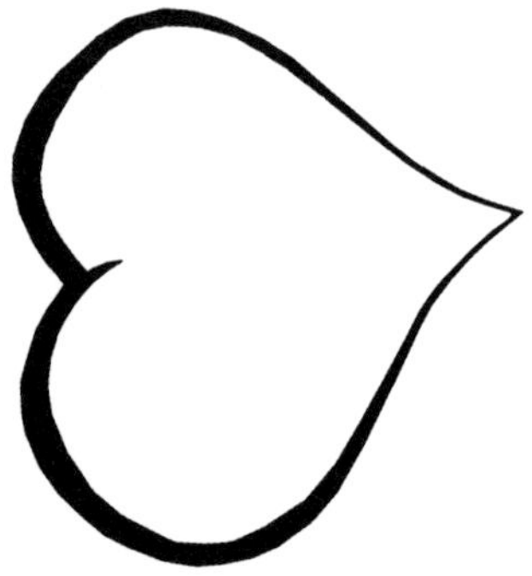

ISBN 978-3-8346-2978-4 | www.verlagruhr.de

■ Vertrag für die Hosentasche

Name: .... Klasse: .... Datum: ....

Ich habe heute mit ....

gegen die Regel .... verstoßen.

Das will ich zukünftig besser machen:

....

....

....

....

....

....

....

....

Unterschrift Schülerin/Schüler | Unterschrift Lehrerin/Lehrer

ISBN 978-3-8346-2978-4 | www.verlagruhr.de

4

Schülerrat und Schülerparlament

Grundlagen zum Schülerrat

Ein weiteres Feld, Demokratie zu lernen und zu üben, ist der **Schülerrat**. Die Rechte und Pflichten dieses Gremiums sind in den Bundesländern sehr unterschiedlich. **Der Schülerrat besteht aus allen Klassensprechern einer Schule. Aus ihrer Mitte wird ein Schülersprecher gewählt, der die Sitzungen leitet**.

Für Nordrhein-Westfalen gibt es einen regelnden Erlass hierzu, der auch vorschreibt, dass die echte Arbeit dieser Schülermitverwaltung für die Schüler ab der 5. Klasse beginnt. In einigen Bundesländern wird ein Schulsprecher von allen Schülern einer Schule in der Vollversammlung gewählt, eine Klassensprechertätigkeit ist hierbei bedeutungslos.
Es ist ratsam, beim jeweiligen Schulministerium nachzufragen.

Der Erlass für NRW besagt unter 1.4:
„Art und Umfang der Mitwirkung sowie der Grad der Selbstständigkeit und Verantwortlichkeit bei der Wahrnehmung der Aufgaben hängen von der Entwicklung der Schülerinnen und Schüler ab. Schülerinnen und Schüler der Grundschule sollen auf die Arbeit und die Aufgaben der SV dadurch vorbereitet werden, dass ihre Selbstverantwortung und Selbstständigkeit möglichst früh im Unterricht und durch Übertragung ihnen angemessener Aufgaben entwickelt und gefördert werden."
(Ministerium für Schule und Weiterbildung des Landes Nordrhein-Westfalen: Die Mitwirkung der Schülervertretung in der Schule (SV-Erlass), Düsseldorf, 2013)

Das bedeutet, dass auch Grundschüler sich in dieses Gremium einfinden sollen und damit lernen, wie, wo und womit sich eine solche Kommission befasst.

Der Schülerrat ist für Belange zuständig, die über eine Klassengemeinschaft hinausgehen. Er darf auch spezielle Ausschüsse bilden, z. B. in sportlichen Wettkampfangelegenheiten mit anderen Schulen.

Eine **Schulvollversammlung** mit allen Schülern, Eltern und dem kompletten Lehrerkollegium würde einberufen werden, um z. B. die Einführung von Schuluniformen zu entscheiden.

Betrachten wir diese komplette Schulgemeinde mit allen Beteiligten, könnten wir analog zum Leben in einem Staat einen **Volksentscheid** herbeiführen. Wären die Schulleitung und die Mitglieder der Schülermitverwaltung dafür, eine Schuluniform einzuführen, während jedoch keiner der Schüler eine Uniform tragen möchte und die Eltern diese überdies nicht kaufen möchten, könnte eine „**Volksversammlung**" (Schüler + Eltern + übriges Kollegium) einberufen werden, um ein „**Volksbegehren**" anzustreben. Dort würde demokratisch abgestimmt. Dieses Ergebnis wäre für alle bindend.

Im 4. Schuljahr haben die meisten Schüler grundsätzliche Demokratieregeln verinnerlicht. Sie kennen die Position und die Aufgaben eines Klassensprechers. Zur Übung der Kompetenzen zum Schülerrat könnte nun, je nach Bundesland, entweder eine Schülervollversammlung oder eine Klassensprecherversammlung inklusive deren Vertreter einberufen werden. Ein von der Schulleitung ausgesuchter Verbindungslehrer beruft eine solche Sitzung erstmalig ein und begleitet die Sitzungen in Zukunft. Er erklärt Sinn und Inhalt dieser Versammlung und lässt aus der versammelten Gruppe einen Vorsitzenden und einen Vertreter wählen. Die Wahl verläuft geheim. (Beispiel eines Stimmzettels siehe S. 107)

Die Aufgaben eines Schülersprechers

Folgende Aufgaben/Funktionen hat der Schülersprecher als Vorsitzender des Schülerrats (siehe auch S. 108) (in Grundschulen als Übungsfeld zu betrachten)

- Vorsitz bei Schülerversammlungen
- Einberufung von Versammlungen
- Vertretung der Interessen aller Schüler einer Schule
- Ansprechpartner für Schüler, Schulleitung, Lehrkräfte, Eltern, Hausmeister bei Fragen zur Schülermitverwaltung
- Mitglied in der Schulkonferenz und im schulischen Förderverein (er kann dort bei Bedarf Anträge stellen)
- Teilnahme an verschiedenen Konferenzen
- Weitergabe von Informationen an die Schüler über Gespräche mit der Schulleitung und anderen Gremien (und umgekehrt)
- regelmäßige Treffen mit Verbindungslehrern
- Vortragen von Bitten oder Beschwerden der Schülerschaft an passender Stelle
- Verantwortlicher für die Umsetzung von Beschlüssen der Schülerversammlung
- Verbindung zwischen Arbeitsgruppen der Schülerversammlung
- Beobachtung der Ordnung in den Schülerämtern
- Vermittlung bei Konflikten

Der Schülersprecher darf für seine Tätigkeiten **vom Unterricht zeitweise befreit** werden und muss eigenverantwortlich Versäumtes aufholen.

Der gewählte Vorsitzende (Schülersprecher) leitet die Sitzung ordentlich, nachdem er die Wahl angenommen hat. Eine Sitzung kann wie folgt ablaufen:

- Begrüßung, Eröffnung der Versammlung
- evtl. Durchgabe der Anwesenheitsliste
- Bekanntgabe des Anlasses der Versammlung
- Vorschläge zur Besprechung aktueller Anliegen
- Bekanntgabe neuer Versammlungstermine und der Deklarationspraktik zukünftiger Mitverwaltungsarbeit, gemeinsam mit dem Verbindungslehrer (was in der ersten Versammlung schon eine Vorarbeit des Verbindungslehrers erfordert)
- Beendigung der Sitzung.

Da offizielle Schülerversammlungs-Angelegenheiten auch außerhalb der „Heimat-Schule" stattfinden, ist natürlich für Grundschüler nur eingeschränktes Arbeiten in diesem Projekt möglich und bleibt nur Training und Übung für zukünftiges autonomes Demokratie-Leben. Erst etwa **ab Klasse 7** ist es angebracht, einen Schüler an diese Position heranzuführen.

Vorbereitet werden die Schüler hierbei auf ein umfangreiches Amt. Wer eine solche vertrauensvolle Aufgabe übernimmt, trägt **Verantwortung** über normale Maße hinaus.

Neben der freien Rede lernen die Kinder empathisch und gleichzeitig objektiv zu reagieren, Projekte zu organisieren und zu leiten und – in besonderem Maße – zuverlässig Unterrichtsinhalte aufzuarbeiten, die wegen der SV-Arbeit versäumt worden sind. Das setzt starke, geradlinige **Selbstständigkeit** voraus. Ein Schülersprecher sollte als Interessensvertreter einer Schule zu politischen Veranstaltungen auf Stadt- oder Landesebene eingeladen werden, wenn schülerspezifische oder jugendbetreffende Themen diskutiert werden. Er soll Verbindung zum jeweiligen Jugendrat halten und muss viele Informationsschriften beschaffen, lesen und verstehen. Seine Mitarbeit ist im schuleigenen Förderverein (beitragsfrei) nützlich und bei vielen schulinternen Konferenzen ist seine Anwesenheit erwünscht und erlaubt. Oftmals führt ein solches Amt in weitere politische Arbeit über Schule und Studium hinaus.

Schülermitverantwortungsarbeit kann **im Zeugnis vermerkt**, aber nicht benotet werden.

Schülerparlament und Schülerkonferenz

Zunächst ist zwischen der **Schülerkonferenz** als besonderem Geschehen (Konsequenz) entweder im Anschluss oder in Erwartung auf außergewöhnliche Vorkommnisse und einem **Schülerparlament** als regelmäßiger Instanz im Schulleben zu unterscheiden.

Eine **Schülerkonferenz** kann von Klassensprechern, Lehrkräften oder anderen Beteiligten einberufen werden, um **größere Ereignisse** zu besprechen, z. B. ein bevorstehendes Schuljubiläum, ein Problem mit dem Schulessen oder eine große Konfliktsituation zwischen Schülergruppen.

Ein **Schülerparlament** tagt in **regelmäßigen Abständen** mit gewählten Vertretern von Schülerinteressensgruppen einer Schule in festgelegtem Zeitraum mit klar beschriebenen Regeln. Wenn vorhanden, ist die Aula der passende Raum. Hierbei geht es um vorher eingereichte Themen, die alle Kinder betreffen.

Pädagogische Begründung für das Schülerparlament

Politische Grundstrukturen von Demokratie werden hier vermittelt. Die Kinder erleben die gleichberechtigte Beteiligung aller und die Notwendigkeit öffentlicher Institutionen. Nachdem die Regeln zum fairen Umgang miteinander in den Klassen geübt und (hoffentlich) verinnerlicht worden sind, wird die nötige Fairness für ein größeres Terrain deutlich.

In der Schülerparlamentssitzung müssen alle Kinder die jeweilige Position, das Alter, die Nationalität, den Entwicklungsstand aller anderen Kinder, auch und besonders der jüngeren Mitschüler, berücksichtigen. In der Regel werden jüngere von den älteren Schülern vertreten. Sie sehen die Wertigkeit unterschiedlicher Probleme und Konflikte aus ebenso unterschiedlichen Blickwinkeln. Dadurch ergeben sich **viele Lösungsgedanken** zu Problemen.

Als Trainingsfeld für praktischen Politikunterricht bietet die Parlamentssitzung neben dem vermittelten Wissen breiten **Raum für Kreativität** und selbst erarbeiteter Kompetenz in vielen Lebensbereichen. Auch hier entstehen nicht selten selbstgefundene Lernziele.

In den einzelnen Klassen erarbeitete Umgangsformen können auf eine größere Ebene transportiert werden. Probleme und Konflikte, die im Umgang der einzelnen Klassen untereinander infolge des Altersunterschiedes auftauchen, können im Schülerparlament durchsichtig werden. Die Schüler bekommen oft ein „Feedback" zu bestimmten Reaktionen von Gleichaltrigen. Positive Rückmeldungen ermutigen zu weiteren positiven Handlungen. Eine kritische Rückmeldung regt immer zum Nachdenken über besseres Handeln an. **Soziales Lernen** steht im Vordergrund.

An ihren **persönlichen Beispielen** lernen die Schüler, dass überregionale Parlamentsentscheidungen direkt oder indirekt auch ihr eigenes Leben betreffen.

Z. B. könnte eine Parlamentsdebatte über die Rückführung des G8-Systems verglichen werden mit der Debatte in der Schule über eine Änderung der Hausordnung, dass die Schüler freitags nach dem Unterricht 15 Minuten zusätzliche Zeit bekommen, um den Schulhof zu säubern. Das Endziel: Ein ordentlich gepflegter Schulhof kann zeitaufwändiger, aber stressfreier erreicht werden.
Sie lernen, durch **Perspektivenwechsel** und als „Amtsinhaber" eine andere als die eigene Meinung probeweise zu vertreten. Um beim oben genannten Beispiel zu bleiben, würde ein Schüler aus der Sicht des Hausmeisters gegen den nun

länger auf dem Boden liegenden Müll, auch wegen der Unfallgefahr, sprechen. Parallel dazu würde die mögliche Nachlässigkeit im Lerntempo einiger Schüler bei G9 stehen.
Ein weiterer Schülervertreter würde aus Sicht der Schüler die Überzeugung vertreten, dass der Schulhof als Wochenabschluss gründlicher und ordentlicher gereinigt werden würde, weil nur noch wenige Mitschüler da sind, die stören könnten. Der Lernprozess in Richtung Endziel könnte intensiviert werden.

Natürlich werden Grundschüler sich wohl nur mit dem Pausenhofbeispiel beschäftigen.
Sie werden aber in den weiterführenden Schulen großen Nutzen aus den Erfahrungen mit „kleinen" Angelegenheiten für die Auseinandersetzung mit der unmittelbar lebensbetreffenden Politik ziehen.
Mit zunehmender Wortgewandtheit reift die **Artikulationsfähigkeit**. Der Wortschatz wächst schneller und leichter, wenn eigene Wünsche und Ziele erreicht werden sollen. Die Verantwortung für eine Gemeinschaft im eigenen Gestaltungsraum wird bewusst übernommen und gerecht aufgeteilt.

Soziales Handeln in Form von Sprechen und Zuhören wird geschult, indem Informationen weitergegeben und ver- bzw. bearbeitet werden. Die Schüler übernehmen Verantwortung für Entscheidungen und versuchen mit anderen, manchmal sogar mit Gegnern einer Strategie, zusammenzuarbeiten. Sie lernen, dass gelegentlich auch mit den eigenen Negativ-Gedanken zu bestimmten Themen konstruktiv gearbeitet werden kann.

Gespräche zu führen und zu anderen zu sprechen, wird zielgerichtet trainiert. Eine wichtige Hilfe zur Entwicklung geistiger Waffen ist die Fähigkeit, sich als **Redner** von eigenen Überzeugungen und Leidenschaften zu befreien, um sich in die Lage des Gegners hineinzuversetzen. Im Perspektivenwechsel werden Argumente auf Inhaltskerne beschränkt.

Eine Parlamentssitzung bietet abwechslungsreiche **Anlässe zur Sprachgestaltung**. Diese nehmen Kinder gern an, da sie aus der tatsächlichen Erlebniswelt geboren werden. Für die Schüler wird ein Unterschied im Sprachverhalten erkennbar. Sie werden selbst zwischen einem Erzählen oder einem Berichten auswählen, um die vorgegebene Redezeit einhalten zu können.

Demokratisches Leben in einem multikulturellen Staat wie Deutschland erfordert, eine **internationale Sprache**, vor allem Englisch, so früh wie möglich zu lernen, aber gleichzeitig auch das Wissen darum, wie und mit welchen Begriffen diese Demokratie erhalten werden kann. Viele politisch genutzte Begriffe können in kindgerechte Worte gefasst werden. Lebbare Politik muss nicht vollständig mit „normalbürgerfremdem" Vokabular besprochen werden.

Eine kleine **Auswahl politischer Begriffe in kindgerechter Form** findet sich als Kopiervorlage am Ende des Buches (siehe S. 114–116). Sicher werden auch viele Eltern, besonders diejenigen nichtdeutschen Ursprungs, hiervon großen Nutzen ziehen können.

Die Grundstrukturen unseres Regierungssystems werden anschaulich als **Lernspiel** vermittelt. Ähnlich einem politischen Mandat diskutieren gleichberechtigte Akteure mit Lehrer- und Elternvertretern, wenn diese eingeschlossen sind. Diese bekommen hier ebenfalls ein Feedback ihrer Mitarbeit.

Zusammenfassend kann gesagt werden, dass bei einem Schülerparlament Schüler freiwillig tun, was Grundschule bedeutet:
- **Wortschatzerweiterungen**
- (Protokolle) **schreiben**
- (Anliegen) **vorlesen**
- (Zahl von Sitzplätzen) **rechnen**
- **Informationen beschaffen**
- **miteinander reden und zuhören.**

Ziele des Schülerparlaments

Die Schüler sehen, dass ein unspezifisches Reden von der Hauptsache ablenkt. In einer Sitzung ist die Einhaltung der **Redezeit** eminent wichtig, um die Wirkung von Argumenten zu verdeutlichen. Um die Erfüllung ihrer Wünsche auf den Weg zu bringen, sind sie gern bereit, das nötige Aussprechen schwieriger, bisher unbekannter Bezeichnungen zu lernen. Richtig sprechen bedeutet, Wörter und Wortblöcke in sinngemäße Zusammenfassungen zu bringen, um die beabsichtigte Information exakt verstehbar zu formen. Lautstärke und Gestik werden sinnvoll mit einbezogen.
Beispiel: Erkennen, dass ein Ballkorb zwar höher, aber keinesfalls in der Nähe eines Fensters platziert werden soll; aber dass er eben aus diesem Grund vielleicht gar nicht höher platziert werden kann, sondern einen anderen Standort bekommen müsste.

In Folge interessieren sich die Schüler für die **Sprache der Politik** – ein wesentlicher Anspruch an junge Menschen, die demokratisch leben wollen. Ein Parlament verlangt im Einsetzungsbeschluss für alle Bürger Mitwirkungsmöglichkeiten. Dazu ist es, wie beim Lernen von anderen Sprachen generell üblich, wichtig, die notwendigen Begriffe zu kennen.
Kinder und Jugendliche, die mitentscheiden, werden **sich für Politik interessieren**. Sie wollen und werden sich gern informieren, nachfragen und wählen. Denken wir zukunftsweisend an Wahlversprechen der Politiker in unserer aktuellen Erwachsenenwelt: Unsere Stimme gehört dem Kandidaten, welchem wir als Vertreter unserer Interessen zutrauen, diese durchzusetzen. Das sind diejenigen Menschen, die das möglich machen, wovon sie gesprochen hatten. Die Kinder von heute sind die **Politiker und Wähler von morgen**. Sie müssen beide Rollen erleben, um sie zu kennen, zu lernen und sie zu spielen.

Für Grundschüler ist es jedoch weniger wichtig, die genaue Anzahl der Bundestagsmitglieder zu kennen, als zu verstehen, was der **Sinn eines Parlaments** als Vertretung des Volkes in repräsentativer Demokratie ist. Die Aufstellung Bundestag – Bundesrat, die in der Verfassung festgelegte Amtszeit der Parlamentarier oder Aufgaben eines Plenums erfragen die Schüler in der Regel nebenbei. Sie finden Antworten auf Fragen wie **„Warum gibt es Parteien?"** oder **„Was spricht gegen eine ausschließliche Demokratie?"**

Die Schüler erarbeiten **transparente Entscheidungswege** für ihr eigenes tägliches Leben. Sie erleben das Wort Politik. Parlamente und deren Arbeit können nicht an die Bürger heranwachsen, wie der ehemaliger Bundespräsident Roman Herzog es einfordert. Die Bürger müssen in die Parlamentsarbeit hineinwachsen.

In einem Klima, in dem sich unterschiedliche Auffassungen und Meinungen ohne ein persönliches Risiko entfalten können, finden positive Entwicklungsprozesse statt. Lehrkräfte agieren hier als Moderatoren, sie leiten das Lerngeschehen ein und an.
Grundlegende Bildung lässt sich mit lebensnahen Lernsystemen, wie dem Schülerparlament, sinnvoll vermitteln und mit ritualisiertem Fortbestand für das weitere Leben fest integrieren.
Zur grundlegenden Bildung gehören:

- Selbstkompetenz
- soziale Kompetenz
- Sach- und Fachkompetenz: selbstständige Nutzung von Texten und Medien, Entwicklung sachbezogener schriftlicher und gestalterischer Ausdrucksformen
- Methodenkompetenz zur Wissensaneignung: Suchen, Auswählen und Auflisten
- Sprache wird realistisch als ein System gebraucht, praktisch gefördert und differenziert ausgebildet.

Weitere Ziele sind:

- Kompetenzen für selbstständige, begründete Beurteilungen erwerben
- Auftreten in der (politischen) Öffentlichkeit trainieren
- Meinungen und Interessen formulieren und vor anderen vertreten
- Kompromisse schließen, mit denen alle leben können
- Erkennen von unterschiedlichen Formen von Darstellungen
- Erstellen von Präsentationen
- Erstellen von Lernprodukten, wie z. B. Informationstafeln, Foto-/Bildausstellungen oder Vorträge
- Artikulation der eigenen Meinung
- Anwendung bewährter Erkenntnisse auf vergleichbare, neue Probleme
- Teamfähigkeit
- Konfliktfähigkeit
- Entwicklung und Förderung grundlegender gesellschaftlich erwünschter Verhaltensweisen
- Toleranz
- Akzeptanz

Die Kinder lernen, **Maßstäbe und Werte** zu schaffen, die dem Anspruch nach für alle Menschen gelten können und nicht nur den Interessen einzelner Gruppen entsprechen. Kurz: Es ist eine universalistische Zukunftsaussicht anzustreben, in welcher überall die Kinderrechtskonventionen beachtet werden, sodass zum Beispiel in einem demokratischen Europa nie wieder Kinderflüchtlinge im Mittelmeer versenkt werden. Für derartige Geschehnisse sind alle Menschen verantwortlich. Allen Pädagogen und Erziehern zukünftiger Generationen ist es eine grundsätzliche Pflicht, dem entgegenzuwirken.
Für viele Schüler wird mit dem Schülerparlament auch die **Tagespresse** interessant. Sie suchen dort neben Informationen auch hilfreiche Wörter und Sätze für ihre eigenen Vorhaben.

Aufgaben, Rechte und Pflichten eines Schülerparlaments

Probleme zwischen den einzelnen Klassen und **das Regeln verschiedener Ordnungssysteme** (Wer ist wann für die Pausenhofreinigung zuständig? Wann soll welche Klasse sich wo aufstellen?) können in der Schülerparlamentssitzung besprochen werden.

Auch hier ist im Hinblick auf **Inklusion** sicher eine Menge Gesprächsbedarf bei den Kindern, z. B. muss das eigentlich so nötige Herumtoben auf dem Pausenhof gehbehinderte Mitschüler stark berücksichtigen.
Es wird künftig Kinder mit erhöhtem Ruhebedarf in den Regelschulen geben. Sie werden einen **Ruheraum** bekommen, den diese Kinder natürlich bevorzugt in den Pausen nutzen. Kinder mit psychischen Problemen, z. B. Autismus, wollen isoliert bleiben.
Gibt es auf dem Pausenhof eine **Toilette**, die für Rollstuhlfahrer geeignet ist? Warum dürfen nicht alle anderen diese nutzen?
Oder: Warum darf auf der Rampe für Rollstuhlfahrer nicht gerutscht werden?
Einigen Kindern aus Zuwandererfamilien ist das schulische Zusammenleben mit kranken oder behinderten Kindern fremd.

Die Grundschule ist die Eingangspforte zum Lernen für alle Kinder unserer **vielfältigen Gesellschaft**. Verschiedene Kulturen haben von Haus aus verschiedene Regierungsformen, die mit dem Integrationszeitalter in unser Bildungs- und Erziehungssystem einfließen. Das Ziel einer einheitlichen, freien, demokratischen Regierung stellt eine große Aufgabe dar.

Das **verbriefte Recht auf freie Meinungsäußerung, Information und Gehör** findet im Schülerparlament seine Anerkennung. Über alles, was Kinder im schulischen Leben berührt, dürfen sie sprechen, Fragen stellen und auch eine Meinung äußern. Durch die gewählten Vertreter

von einzelnen Interessensgruppen, die Kinderparlamentarier, lernen sie, Wünsche und Ziele in geordneten Bahnen auf den Weg zur Verwirklichung zu bringen.
Artikel 12 der Kinderrechtskonvention: *„Die Vertragsstaaten sichern dem Kind, das fähig ist, sich eine eigene Meinung zu bilden, das Recht zu, diese Meinung in allen das Kind berührenden Angelegenheiten frei zu äußern, und berücksichtigen die Meinung des Kindes angemessen und entsprechend seinem Alter und seiner Reife."*

Interessensgruppen können sich mit der Aufteilung der Essensräume, der Nutzung von Spielgeräten auf dem Pausenhof, Anschaffung von Material oder die Nutzung einer Sporthalle beschäftigen.

Kinder sollen die **Notwendigkeit öffentlicher Institutionen** kennen. Die vielen verschiedenen Meinungen und Interessen dazu erfordern Sprechen und Zuhören auf einem allseits respektierten Podium, um gemeinsam Möglichkeiten zu finden, damit umzugehen.

Mitgestaltung der Institution Schule erlaubt eine lebendige Schulkultur mit allen gesellschaftlichen Facetten.

Ein passendes Thema wäre es, auch einmal über die **National- oder Religionsfeiertage der nichtdeutschen Schüler**, die an der Schule vertreten sind, zu sprechen. Das Parlament könnte beschließen, diese für einen bestimmten Zeitraum besonders zu gestalten.

Ebenso wird nach **Kinderlektüre in Muttersprachen** gefragt. Kinder sind fähig, zweisprachig aufzuwachsen. Warum sollten sie nicht auch in den Schulbibliotheken mit Geschichten aus ihrer Heimat versorgt werden. Englisch und Französisch sind neben Deutsch nicht die einzigen europäischen Sprachen. Die (wenige) Erfahrung zeigt: Auch deutschstämmige Grundschüler hören sehr gern z. B. türkische Kindergeschichten und türkische Mitschüler helfen mit großer Freude beim Verständnis.

Gemeinsam erarbeitete **Umgangsformen**, häufig unter Nutznießung verschiedener Kulturen, transportieren ethische Werte aus den Klassenräumen in die ganze Schule.
Ein Parlament zeigt übergeordnete Zusammenhänge.
Beispiel: In einer Grundschule bilden einige Dritt- und Viertklässler eine erfolgreiche Fußballmannschaft. Für einen geplanten Wettkampf gegen einen benachbarten Verein muss fleißig trainiert werden. Die Schüler möchten nun die Pausen samt Pausenhof für dieses wichtige Unternehmen nutzen und geben es als Anliegen in eine Parlamentssitzung ein. In der Folge würden andere Schüler die Pausen auf den Schulfluren verbringen müssen.
Im Schülerparlament sollte der Vertreter der Fußballmannschaft darstellen, warum die Pause so genutzt werden muss. Vertreter der anderen Schüler müssen verdeutlichen, warum sie ihre Pausen im Freien verbringen möchten. Ein Lehrervertreter muss erinnern, dass die Regeln den Aufenthalt mit Spielen auf den Fluren verbieten, auch weil sich eine Lautstärke entwickeln würde, die die Schulsekretärin an ihrer Arbeit hindert. Wenn es im Parlament einen Elternvertreter gibt, wird dieser für Frischluft und Bewegung in den Pausen plädieren.
Eine mögliche Parlamentsentscheidung könnten versetzte Pausen oder zusätzliche Stunden am Mittag sein.

Gleichberechtigte Beteiligung aller an der Erarbeitung von Notwendigem, Neuem oder auch einmal an dem Luxus einer Festangelegenheit bedeutet Lernen an der gemeinsamen Sache.

Die Schüler übernehmen **Mitverantwortung** für ihren Gestaltungsraum. Ein konkretes, immer wieder aktuelles Beispiel ist der Pausenhof: An- oder Umordnung der Spielgeräte, Platzierung von Sitzbänken, Ballspielzeiten und Reglementierung von Fahrzeugen sind Angelegenheiten, die alle betreffen und die Kinder über ein Schülerparlament selbst zu allseitiger Zufriedenheit organisieren können. Sie können entscheiden, wer wann wie lange für die Sauberkeit auf dem Hof zuständig ist.

Eine **Buchausstellung** neu erschienener Kinderbücher mithilfe eines interessierten, örtlichen Buchhändlers oder eine groß angelegte **Tauschbörse** für Spielzeuge und nicht mehr benötigte Schulutensilien sind Themen und Anliegen, die Interessensgruppen zur Parlamentsdebatte stellen können.

Über den **Weg der kleinen Schritte** wird jeder einzelne, selbst gefundene Schritt, ganz ähnlich dem „Trial-and-Error-Verfahren", in erwünschte Verhaltensweisen führen.

Die Schüler erwerben Erfahrungen, die maßgeblich zur **Persönlichkeitsentwicklung** beitragen. Rhetorische Kompetenzen werden in dem Maße gefördert, wie sie auch gefordert sind.

Zusammensetzung eines Schülerparlaments

Konzeptionell sieht ein Schülerparlament so aus:

- Präsident = Vorsitzender und Vertreter als Moderatorenteam
- Ruhebewahrer (oder Leisewächter)
- Protokollant (oder Protokollantenteam)
- Zeitwächter
- Vorleser
- Klassensprecher
- Vertreter der verschiedenen Interessensgruppen
- Lehrer

Des Weiteren gibt es Personen, die für anstehende Themen auch von Bedeutung sind:

- Hausmeister
- Eltern
- Schulsozialarbeiter
- Betreuer von Gruppenangeboten im OGS-Bereich
- Schüler

Etwa **alle sechs bis acht Wochen** findet ein Parlamentstreffen statt. Dazu ergeht an alle betroffenen Schüler eine Einladung (siehe S. 109).

Bezeichnend ist hier ein ordentliches, regelgerechtes Parlamentsgeschehen. Grundschüler agieren jedoch auf einer Übungsplattform. Einige Schulen reduzieren deshalb Parlamentssitzungen auf die Amtsinhaber, Begleitungslehrer und die jeweiligen Interessensvertreter der einzelnen Anliegen. Eine „große" Tagung wird dort einmal im Schulhalbjahr zum Wechsel der Ämter durchgeführt. Die Verbindungslehrer sortieren die Gesprächspunkte vor, um die jeweils beteiligten Personen einzuladen.

Tipps für die Umsetzung

Einführung eines Schülerparlaments

Zur Einführung bieten sich **Besuche im jeweils örtlichen Parlament** an. Abgeordnete sind in der Regel gern bereit, Kindern ihre Arbeit vorzustellen. Auch die Räumlichkeiten eines Landtags sind für die Schüler hochinteressant. Der Landtag NRW z. B. gibt kostenlose Informationszeitschriften über aktuelle Debatten heraus. Sie können auch für eine Klasse abonniert werden. Alle öffentlichen Dokumente, Gesetzesentwürfe oder Protokolle des Parlaments können im Internet von der jeweiligen Homepage heruntergeladen werden.

Die „**Tage der offenen Tür**" gestatten Einblicke, die über die Verteilung von Werbegeschenken an Besucher hinausgehen. Aufmerksame Schüler werden bemerken, dass umweltbewusste Parteien gern Stoffbeutel zum Einkaufen verteilen oder Konservative lieber Kugelschreiber mit Logoaufdruck und einzelne Blumen, was das Erkennen der Sinnzusammenhänge fördert.

Mit **Informationsflyern** können Eltern auf Wochenendveranstaltungen für Kinder und Jugendliche aufmerksam gemacht werden. Ein kleiner Hinweis auf die Nützlichkeit für den Unterricht wird viele Eltern zu einem Besuch motivieren. Zudem sind solche Events meist kostenlose Freizeitvergnügen mit allerlei Spaßaktionen.

Lernprojekte, die sich mit einer **Tageszeitung** oder auch einmal (ausnahmsweise) den **Mittagsnachrichten** im Fernsehprogramm für Ganztagsschüler beschäftigen, können einleitend viel Interesse an praktischer Politik wecken. Viele Zeitungsverlage bieten kostenfreie Schülerprojekte an. Abonnenten der Tagespresse können ihre Zeitung während Urlaubszeiten an Schulen liefern lassen.

Klassische, konservative **Unterrichtsmethoden** können bei der Hinführung zum Schülerparlament effektiv genutzt werden:

- Die Motivationsphase gelingt ausgezeichnet mit Gesprächen über das Vorhaben Schülerparlament.
- Ein Unterrichtsgespräch setzt bei den Schülern beinahe automatisch ein.
- Es folgt die schriftliche Gestaltungsphase mit dem Festhalten von Anliegen und Wünschen.

Sprechbeiträge werden gezielt für Gesprächssituationen geplant und angemessen vorgetragen. Die Schüler erfahren auch in mehr oder weniger starker Intensität sprachliche Vielfalt, denn es muss auch Kindern mit weniger guten deutschen Sprachkenntnissen gestattet sein, im Parlament etwas zu sagen. Dies wiederum fördert die gegenseitige Akzeptanz.
Die Kinder sprechen miteinander bei Missverständnissen durch Verstehens- und Verständigungsprobleme. Gern helfen sich Schüler gegenseitig mit einzelnen Vokabeln, wenn es um gemeinsame Interessen geht.

Sprachhandlung und **Spracherfahrung** folgen automatisch einer jeden Parlamentssitzung. Die Kinder wissen: *„Um etwas zu erreichen, muss ich das sachlich klar und für alle verstehbar sagen. Wenn ich es für gut halte, dass* **eines** *der Fußballtore in eine andere Ecke des Schulhofes versetzt werden soll, darf ich nicht von* **den** *Fußballtoren sprechen. Sonst würden am Ende beide Tore versetzt und der Abstand dazwischen wäre für mein Empfinden wieder zu kurz."*

Die Schüler **beschaffen selbstständig Informationen** zu den Parlamentsthemen. Dazu recherchieren sie mit Kompetenzzielen wie:

- Themeneingrenzung (*„Was möchte ich wissen?"*)
- Suchstrategie (*„Wo/Wie finde ich ...?"*)
- Bedienungskompetenz (*„Wie arbeite ich mit dem Internet, mit Suchmaschinen? Wo finde ich das passende Buch? Wo finde ich ... in dem Buch?"*)
- Orientierung (*„Was von der gebotenen Information ist brauchbar?"*)
- Fragestrategie (*„Wen kann ich wozu mit der Aussicht auf gute Antworten fragen?"*)

Anschließend erstellen sie selbstständig eine aussagekräftige und kurze **Zusammenfassung**. Aus der Angelegenheit Schülerparlament wird so eine **Schüleraktion**.

Die **Lehrkräfte** nehmen aktiv teil: mit Hilfen, Rat oder Stimmenmacht bei Abstimmungen. Mit der Teilnahme wird die Leistung der Schüler anerkannt.

Wenn Schüler erleben, dass Lehrkräfte an Schülerprojekten teilnehmen, werden sie auch eher mit Freude an **Lehrprojekten** teilnehmen.

An einer konkreten, aktuellen Situation könnte eine vorbereitende Unterrichtsstunde zur **Einführung** gestaltet werden. Da die Angelegenheit alle Schüler betrifft, muss diese Stunde ungefähr zeitgleich in allen Klassen stattfinden.

Außerdem ist abzuwägen, ob der Aufwand, **Erstklässler** kindgerecht miteinzubeziehen, für die jeweilige Schule leistbar ist.
Ersatzweise werden die jüngeren Schüler von den größeren Kindern oder den Interessensführern mit ihren Anliegen vertreten. Sollte einmal ein wichtiges, größeres Anliegen der Schulneulinge zur Diskussion gestellt werden müssen, können Sie als Lehrkraft für die Schüler sprechen.

Beispiel: Neugestaltung eines Pausenhofs

Von dem Vorhaben, den Pausenhof neu zu gestalten, erfahren Kinder und Eltern mittels einer Informationsschrift. Nun wird in allen Klassen darüber gesprochen und gerätselt, wie, wann und mit welchen neuen Spielgeräten das Projekt umgesetzt wird.

Es bilden sich **Gruppen** für die einzelnen Interessen:

- Einige Schülerinnen der dritten und vierten Klassen möchten eine Mädchenecke.
- Kleinere Schüler möchten gern viel Platz für die Fahrzeuge.
- Eine große Sandbuddelkiste wird gewünscht.
- Natürlich brauchen die Schüler einen riesengroßen Fußballplatz.
- Und es gibt auch Kinder, die sich einen schönen, gemütlichen Platz zum Frühstück im Freien wünschen, mit einer Möglichkeit, Musik zu hören.
- Einige Schüler wünschen sich noch bunte Sitzbänke und einen Tisch.

Für die Grundrenovierung, Bodenbelag etc., müsste der Schulhof für eine Zeit **ungenutzt** bleiben. Einige Lehrer plädieren für die Arbeit in den nächsten Ferien, wenige andere können sich auch Flurpausen oder Aufenthalt der Kinder im Medienraum, dem Schulgarten oder in den Räumen der Nachmittagsbetreuung vorstellen. Dies hätte den Vorteil, dass die Erneuerung des Pausenbereiches zügiger geschehen würde. Allerdings wäre die Lärmbelästigung zu bedenken, während im Fall der Ferienregelung die Unfallgefahr minimiert wäre.

Da für Anschaffungen ein begrenztes **Budget** zur Verfügung steht, wird von einigen Betreuern aus dem Ganztag beim Förderverein um zusätzliche Geldmittel gefragt. Es steht auch ein Frühlingsfest mit Würstchen- und Getränkeverkauf zur Debatte. Der Erlös könnte für den neuen Pausenhof verwendet werden.

Um eine geordnete Struktur in die vielen Anfragen zum Thema zu bringen, hängt die Schulleitung ein **Plakat** auf dem Schulhof aus.
Denkbar wäre, für jeden einzelnen Wunsch ein Plakat zur Verfügung zu stellen, um die Namen in Listenform daraufzuschreiben.
Dann würde die Gruppenstärke schon im Vorfeld sichtbar und der Koordinator könnte passend für die Zahl der Schüler Termine und Räume für mögliche Vortreffen suchen.
Damit würde jedoch keine weitere Idee oder kein weiterer Wunsch berücksichtigt werden.

Die Schulleitung entscheidet sich für ein einzelnes, großformatiges Plakat
(siehe unten). Aus dem Lehrerkollegium stellen sich Verbindungslehrer für die einzelnen Wünsche und Themen zur Verfügung.

Für unseren neuen Schulhof gibt es viele Wünsche

Die Zeit, in der die Renovierung geschieht, bestimmen nicht wir, sondern das städtische Schulamt.
Für die übrigen Wünsche bildet bitte Gruppen:
→ Fußballtore
→ Basketballkörbe
→ großes Klettergerüst
→ „Mädchenecke" mit Sitzgelegenheit

Ihr könnt in euren Klassen am .... darüber sprechen und auswählen, wer für euren Wunsch reden soll. Wenn die Gruppenmitglieder aus verschiedenen Klassen kommen, verabreden die Lehrer einen gemeinsamen Termin.

Am .... werden wir uns alle in der Aula treffen.
Mit einem Vertreter des Fördervereins und weiteren Beteiligten besprechen und entscheiden wir demokratisch in Parlamentsform, wie unser Pausenhof aussehen soll.

Bis dahin: Fleißig nachdenken!

Eure Schulleitung

Für jedes Thema könnte in den folgenden zwei Tagen je eine Pausenaufsicht zuständig sein. Mit einem **Tisch** plus Info- und Schreibmaterial kann sie sich auf dem Schulhof positionieren. Im genannten Beispiel stehen vier Themen zur Besprechung. Vielleicht sollte ein Tisch für weitere, nicht aufgeführte Vorschläge zur Verfügung stehen. Zunächst werden die Vornamen und die **Argumente** für ein Thema gesammelt. So ist schon die ungefähre Größe der Gruppen sichtbar. Das Wechseln in einen anderen Themenbereich soll auch noch möglich sein.

Beispiel:

Basketballkörbe

Name	Begründung	Das will ich tun, um die Körbe in Ordnung zu halten
Mark Paul Leon Kai Simon Max Luisa Anja	■ Ball spielen ist gesund ■ wir möchten viel trainieren	

In ähnlicher Weise können die anderen Wünsche beworben werden. Nach etwa zwei Tagen wird eine klare Tendenz sichtbar. Die einzelnen Gruppen werden nun je zwei Gruppensprecher auswählen. Eine Lehrkraft erklärt der Gruppe die Vorgehensweise, z. B.: *„Ihr habt sicher schon gehört, dass wir gleichzeitig mit dem neuen Schulhof eine neue Art von allgemeinen Besprechungen, die uns alle angehen, einführen wollen. Das nennt sich Schülerparlament. Wir werden so versuchen, fair und gleichberechtigt die Bedürfnisse und Wünsche von allen Schülern, Lehrern und Betreuern in unserer Schule zu berücksichtigen. Da wir auch nur begrenzte Möglichkeiten haben, wie Geld und Platz, ist das sicher schwierig. Für eure Wünsche gibt es nun Gruppen. Für die Wünsche der Lehrer und Betreuer haben sich auch schon Gruppen gebildet. Einige Lehrer und Betreuer schließen sich euren Themen an. Jetzt wollen wir erst einmal aus jeder Gruppe zwei Sprecher wählen. Diese werden in der nächsten Gesprächsrunde zur Pausenhofgestaltung eure Argumente vortragen. Wir können ganz einfach Schüler aussuchen. Keine Angst, es werden euch bestimmt Lehrer oder Betreuer helfen. Wer etwas will, muss etwas wagen! Wer möchte das übernehmen? Ihr könnt hier neben mir stehen. Alle anderen heben einen Arm für: X, einen für Y und zwei Vertreter brauchen wir noch. Wenn dann alles besprochen und in Argumente gewandelt ist, werden wir uns alle in der Aula versammeln und über die Sprecher, wie sonst mit den Klassensprechern, endgültig entscheiden. Mit den Rednern vermeiden wir, dass alle gleichzeitig sprechen.“*

Es entsteht ein vollkommen **demokratisches Szenario**. Jede Gruppe wird zur „Partei“. Im Beispiel gibt es eine Partei Basketball, Fußball, Klettergerüst, Mädchen-Partei und eine Partei, die für sonstige Wünsche einsteht.

In kurzen Sätzen wird nun alles, was die Schüler für wichtig erachten, notiert. Auf **Rollenpapier** geschrieben, hat der Redner in der Sitzung nur ein (längeres) Blatt, von dem er problemlos ablesen kann.

Ein **Vortreffen mit allen Vertretern** gestattet Einblick in die Argumente und Pläne der anderen Parteien. Auch das Reden zum Thema und das Einhalten der Redezeit können geübt werden.

Nun folgt – in etwa zeitgleich – eine **Informationsunterrichtsstunde** für die teilnehmenden Klassen. Die Lehrkräfte erklären den genauen Ablauf des geplanten Parlamentsgeschehens.

Inzwischen ist ein **Termin** gefunden worden, der für alle passt.

Wenn noch Zeit übrig ist, können die Schüler im Sach-, Medien- oder Deutschunterricht Ideen für eine erste **Werbeaktion** für ihr Schülerparlament umsetzen.

Eine **Pinnwand** im Schuleingangsbereich wird allseitiges Interesse wecken. Solch eine Infotafel könnte im Werk- oder Kunstunterricht mit engagierten Lehrkräften gebastelt werden. Gelegentlich spendet der Förderverein eine größere Pinnwand, die dauerhaft zu diesem Zweck benutzt wird. Fragen lohnt sich immer.

Mit der Einrichtung eines festen Platzes für **Aushänge** zum Schülerparlament, wie Informationen zu den Amtsinhabern, Ergebnisse der letzten Sitzung, mit Raum für offene Anliegen (siehe S. 110), wird ein selbst gewähltes Ordnungssystem erstellt.
Die Schüler sollten entscheiden können, ob eine Pinnwand oder eine Art Litfaßsäule für Parlamentsangelegenheiten angeschafft wird. Schon so wird zu Beginn gelernt, was eine Mehrheitsentscheidung bedeutet – mit dem steten Blick auf Ethik. Eine Schule mit Rollstuhlfahrern wird z. B. die auf dem Boden stehende Säule einer Pinnwand vorziehen, damit die Nutzbarkeit der Informationsfläche für alle vorhanden ist. Eine Inklusionsschule wird auch Bildinformation und Rechtschreibfehler ohne Bewertung zulassen.

Aushänge zum Schülerparlament

Schülerparlament

Datum ....

Ort ....

Wir suchen Möglichkeiten
für unseren Schulhof

Wir brauchen:

- → Präsident/in
- → Vorleser/in
- → Protokollant/in
- → Zeitwächter/in
- → viele Redner und Themen für unsere Parlamentarier
- → Besucher

Wandzeitung
für zukünftige Themen

Was hat euch gefallen,
was nicht so sehr?

Ergebnisse der Sitzung

Unser Präsident ist:

....

Vertreter:

....

Vorlesen wird:

....

Protokollieren wird:

....

Zeitwächter:

....

ERGEBNIS
der Schulhofplanung:

Info-Tag

Größere Schüler können einen **Informationstag** veranstalten, z. B. eine Pause lang alle Fragen der Mitschüler sammeln und – soweit es ihnen möglich ist – beantworten. Sie können mit dem Verbindungslehrer die gesammelten unklaren Punkte in verschiedenen Medien aufarbeiten. Ein paar Tage später wird eine zweite Pause benutzt, um alle offen gebliebenen Fragen zu beantworten.

Ist nun der große Tag des Schülerparlaments gekommen, darf eine **erste Sitzung** etwas mehr Zeit in Anspruch nehmen. Im weiteren Verlauf sollten 90 Minuten ausreichen.

Nachdem sich alle im vorgesehenen Raum versammelt haben, kann die Schulleitung die erste Moderation übernehmen:

- Begrüßung
- Wiederholung des Vorhabens mit kurzen Erklärungen zu den Ämtern
- Wahl eines Kinderpräsidenten (Beispiel eines Stimmzettels siehe S. 111), wird von der Leitung unterstützt
- Wahl des Protokollanten(-teams), des Zeitwächters, eines Vorlesers und evtl. eines Leisewächters (diese Positionen können per Handzeichen gewählt werden, für jedes Amt wird es einen Vertreter geben), die unterstützenden Lehrkräfte stellen sich vor
- Bestimmung der jeweiligen Redezeit
- Bestätigung der Ämter, wenn alle die Wahlen angenommen haben
- Besprechen des Anliegens: Pausenhofgestaltung (Leitung: Moderator leitet mit dem gewählten Präsidenten gemeinsam die Sitzung)
- Vorstellung aller Themen, die den neuen Pausenhof betreffen. Die Schüler der einzelnen Interessensgruppen werden um ihr Einverständnis gefragt, die Vertreter für sich sprechen zu lassen. Diese werden als ordentliche Abgeordnete die Ergebnisse ihrer Bemühungen vorstellen.
- Vortragen der Gesprächsergebnisse durch die geladenen Mitarbeitervertreter
- ggf. Darstellung von Argumenten seitens der Eltern, des Fördervereins oder des Hausmeisters
- Vergleichen der verschiedenen Modelle unter Beachtung des finanziellen Rahmens
- Abstimmung durch Handzeichen bei Ergebnissen
- Vorlesen der wichtigsten Punkte für das Protokoll
- Aushängen des Protokolls (siehe S. 112)
- Dank des Präsidenten und des Moderators für die Aufmerksamkeit und Mitarbeit
- Beendigung der Sitzung mit Hinweis auf folgende Informationen zum nächsten Schülerparlament.

Im obigen Beispiel wurde ein Fußballplatz mit kleinen Toren angestrebt. Die Außenmarkierungen dafür konnten als Fahrbahnen für Fahrzeuge dienen. Basketballkörbe wurden in der Turnhalle angebracht. Ein Klettergerüst wurde in einem großen Sandkasten aufgestellt. Zwei Tische zum Picknick wurden auf einer Wiese im Schulgartenteil aufgestellt. Dort konnten die Mädchen sich ihre gewünschte Auszeitecke unter einem Pavillon herrichten.

Schüler und Lehrkräfte erleben ein **demokratisches Vorgehen** mit einem Ergebnis zu allseitiger Zufriedenheit.

Selbstverständlich sind die parlamentarischen Anliegen selten Projekte von solcher Größenordnung. Zur Einführung eines Schülerparlaments lassen sich **auch kleinere Probleme oder Notwendigkeiten** diskutieren und lösen.

Wichtig für eine dauerhafte Verankerung demokratischer Entscheidungswege ist die **visuelle Darstellung**, z. B. eine Planzeichnung des Schulhofs. Ansprechende Farben und gute Ergebnisse schaffen gute Erinnerungen. Gute Erinnerungen wollen durch positives Erleben vermehrt werden.

Etablierung eines Schülerparlaments

Regelmäßigkeit, Ritualisierung und **Ernsthaftigkeit** sind auch hier entscheidend für den Fortbestand. Parlamentsarbeit darf nicht zum übergeordneten Projekt werden, das kleinere Vorhaben oder Pläne beinhaltet. Damit würde bei vorübergehend fehlenden Zielen die ganze Institution „einschlafen". Das Ziel muss immer das Schülerparlament selbst sein.

Mit der Häufigkeit der Sitzungen kann das Parlamentsleben beeinflusst werden. Wenn z. B. klar ist, dass es in einem Schuljahr keine außergewöhnlichen Aktionen geben wird, könnten zu Beginn schon drei oder vier **Parlamentstagungen** terminiert werden. In jeder Schulgemeinschaft gibt es vieles, was Mehrheitsentscheidungen erfordert: Freizeitangebote in der Nachmittagsbetreuung, das Mittagessen oder das Pausenhofleben bieten immer Gesprächsstoff.

Als Vorbereitung auf weiterführende Schulen bietet ein Parlament neben dem lebensnahen Wortschatz auch die Verfestigung eingeübter, erwünschter **Verhaltensregeln**. Im eigenen Interesse lassen die Kinder die Redner störungsfrei sprechen.

Sie nehmen ihre eigene **„politische Arbeit"** sehr ernst. Hemmschwellen zur Redefähigkeit sinken. Interessierte Kinder wachsen in weitere Schülermitverwaltungsarbeit hinein, die bis in einen Stadtschülerrat führen kann.

Im Gegensatz zu Gruppenarbeiten im Klassenunterricht sind die Schüler im Parlament gern zu zweckgebundenem Zusammenschluss bereit. In einer Partei werden auch weniger gern gemochte Mitschüler als **gleichberechtigte Mitstreiter** akzeptiert. Manchmal werden hier sogar aus Gegnern gute Freunde.

Mit ständiger **Präsenz der Informationsstellen** und der Möglichkeit, Anliegen einzureichen, bleibt das Schülerparlament ein beliebtes Podium, das viele Streitereien vermeidet.

Es könnte von Sitzung zu Sitzung eine **neue Farbe** für alle Informationen, Zettel oder Anliegen benutzt werden. Mit dem Farbwechsel ist dann für alle deutlich sichtbar ein Thema erledigt. Das Auftauchen einer neuen Farbe erinnert an die neue Runde.

Gelegentlich haben auch Lehrkräfte **Anliegen an die Schüler**. Z. B. könnten die Verwaltungsmitarbeiter beklagen, dass Kinder zu oft unangemeldet etwa nach einem Schülerausweis fragen. Oder die Schulleitung möchte das Ballspielen wegen des Lärms an einen anderen Ort des Schulhofes verlegen. Wenn Schüler in solchen Angelegenheiten, die sie selbst gar nicht als Störfaktoren empfinden, eigenverantwortlich Lösungen finden können, woran alle beteiligt sind, werden sie diese in der Regel verlässlich einhalten.

Persönliches Engagement einzelner Lehrkräfte sollte mit einer **Reihumvergabe der Verbindungsposten** an das gesamte Kollegium ausgeglichen werden. Da Grundbausteine der Politik in verschiedenen Grundschulfächern unterrichtet werden können, ist jeder Fachlehrer gefordert, sein Wissen und seine Möglichkeiten einzubringen.

Inzwischen gibt es auch **Lehrerfortbildungen** zu Möglichkeiten politischen Unterrichts. Hier ist der gegenseitige Erfahrungsaustausch wertvoll.

In jeder Schule, die mit einem Klassenrat arbeitet, ist ein Schülerparlament eine logische Weiterführung zur Vermittlung von Demokratiewissen und zur Vorbereitung der Schüler auf aktive Schülermitverantwortlichkeit in weiterführenden Schulen.

Motivation von Kollegen, ein vorhandenes Schülerparlament zu nutzen

Eigentlich kann sich keine Lehrkraft gegen diese Form von Unterricht positionieren. Pädagogik in solcher Art und Weise haben wir uns allesamt seit etwa 1970 gewünscht. Lebensechte Lerninhalte anstelle unwirklicher Geschichten in Deutsch-, Politik- oder Sachkundebüchern lassen die Schüler interessiert teilnehmen. Sie finden sich selbst in Unterrichtsinhalten wieder.

Das grundsätzlich angestrebte Zusammenwachsen europäischer Staaten bedeutet auch eine **Veränderung in den Arbeitsbedingungen** der jeweiligen „Staatsdiener". Der Lehrerberuf zählt zu dieser Gruppe. Folglich kann es nur im Sinne eines jeden Lehrers sein, Schüler zu Demokraten zu erziehen.

Aktuell ist nahezu überall das **Europaparlament** im Gespräch. Sinkende Wahlbeteiligung bei steigender Macht der EU steht gegen die Anfänge des Europaparlamentes. In den Jahren um 1977 wollte die Mehrheit aller europäischen Bürger einen gemeinsamen Kontinent bewohnen und diesen gemeinsam demokratisch regieren.
Zurzeit ist es so, dass Bürger mehr teilhaben wollen, aber an der repräsentativen Demokratie die Teilhabe vermissen lassen: Immer weniger Menschen gehen wählen.
Das „Wählen-Gehen" kann in der Schule schon gelernt werden.

Rassismus und Fremdenfeindlichkeit, Anfeindungen gegenüber Schutzsuchenden halten sich europaweit auch in Demokratien weiter stabil, wie die Tagespresse immer wieder aufzeigt. Mit der Abschiebung von Asylsuchenden und deren Familien werden wissentlich UN-Kinderrechtskonventionen nicht beachtet.
Das kann nur geändert werden, wenn alle am Bildungs- und Erziehungswesen Beteiligten Schüler zu demokratischen Menschen erziehen und sich **gegen jegliche Diskriminierung** von Minderheiten auf der Basis von Menschenrechten einsetzen.

Wenn es die Situation erfordert, sollten Sie als Pädagoge genau **solch ein Gespräch** mit ablehnenden Kollegen führen, denn:
Glück besteht darin, zu leben wie alle Welt und doch wie kein anderer zu sein.
(Simone de Beauvoir)

Schülerpetitionsausschuss

Wenn nachgewiesen werden könnte, dass eine festgesetzte Regel nicht alle Menschen, hier Schüler, gleich behandelt, kann eine Änderung dieser Regel über eine Petition beantragt werden.

Das Schülerparlament kann einen solchen **Petitionsausschuss** bilden. Jeder, unabhängig seiner Staatsbürgerschaft, hat das Recht, sich einzeln oder gemeinsam mit anderen schriftlich mit Wünschen oder Beschwerden an zuständige Ämter und die Volksvertretung (die Parlamentarier) zu wenden. Dazu ist es nicht erforderlich, volljährig zu sein. Auch Kinder dürfen eine Petition schreiben und diese muss bearbeitet werden. Ebenso ist es rechtens, eine Petition für Dritte einzugeben.
Das bedeutet, dass es den Möglichkeiten unseres Grundgesetzes entspricht, wenn beispielsweise Paul und Lisa aus der Klasse X der Schule Y sich schriftlich beschweren, wenn ihr afrikanischer Freund nicht in die Mittagsbetreuung kommt, weil seine Mutter das Anmeldeformular nicht ausfüllen kann. Der Petitionsausschuss könnte in der Parlamentssitzung besprechen, dass z. B. der schulische Sozialarbeiter sich darum kümmern soll, der Mutter eine Übersetzung des Formulars oder eine Hilfe beim Ausfüllen anzubieten (falls die fehlenden Sprachkenntnisse ursächlich sind). So wäre eine Gleichbehandlung aller Kinder gewährleistet.

Unser demokratisches Grundgesetz will **Integration** zum Wohl aller Kinder. Schon Grundschüler müssen lernen, dass dies den UN-Kinderrechtskonventionen geschuldet ist.
Sie wurden für **alle** Kinder auf dieser Welt vereinbart.

Für die Bildung eines Petitionsausschusses kommen aus jeder im Schülerparlament vertretenen Gruppe (= Partei) eine oder – bei größeren Schulen – mehrere Personen zusammen.
Im Petitionsausschuss einer Stadt wird die **Mitgliederzahl** meistens prozentual genauso aufgestellt wie die Parteivertreter im Landtag oder es werden Mitglieder gemäß einer festgelegten Richtschnur gewählt. Auch hierfür empfiehlt es sich, bei den jeweiligen Landtagen oder Ausschüssen nachzufragen.

Generell ist es für Grundschüler auch zu diesem Kapitel weniger wichtig, zu wissen, wie viele Mitglieder woher für die Petitionsarbeit gewählt werden, als vielmehr, **dass** es einen Petitionsausschuss gibt und dass diese Institution **auch für Kinder** zugänglich ist und wirksam arbeitet.

Solch ein Anliegen an einen Petitionsausschuss kann **formlos** auf Papier geschrieben werden. Im Leben außerhalb der Schule gibt es jedoch in solchen Angelegenheiten häufig Hemmschwellen. Ein Suchen nach passenden Adressen und die allzu menschliche Angst vor Formfehlern sind Hürden, die schon Schüler zu überwinden lernen sollten. Das kann mit einer schrittweisen Gewöhnung an Herausforderungen gelingen. Eine mögliche Hilfe findet sich als Kopiervorlage auf Seite 113.

Grenzen eines Schülerparlamentes

Wie bei allen anderen Modellen zur Mitbestimmung und Demokratie ist auch diese Instanz in keiner Weise irgendeine Gerichtsbarkeit. Über **Sanktionen oder Strafen** wird nicht diskutiert. Allein der Gebrauch einer Wohlfühlsprache schließt das aus. Gespräche in Schülerparlamenten behandeln in seltensten Fällen Verhaltensweisen einzelner Personen.

Probleme und Konflikte einzelner Schüler sollten im Klassenrat oder über Konfliktmoderation besprochen werden. Sehr junge Schüler können noch nicht immer differenzieren, welches Anliegen in welchen Rahmen passt. Deshalb sollten die Parlamentsanliegen von begleitenden Verbindungslehrern vorsortiert werden. Man kann den jeweiligen Absender entweder mit seinem eigenen Nachrichtenträger oder in einer Pause auf dem Schulhof ansprechen. Eine Begründung darüber, weshalb eben diese Angelegenheit nicht in die Parlamentssituation gehört, ist genauso wichtig wie ein Hinweis auf eine andere Möglichkeit der Problemlösung.
Beispiel: Lisa möchte in der Schülerbücherei ein Buch ausleihen, das vergriffen ist. Sie möchte erreichen, dass der aktuelle Leser dieses Buch schneller zurückgibt, und hat auf ihren Themenzettel für die Parlamentssitzung geschrieben:
„Ich will ganz dringend das Buch X lesen. Bitte bring das Buch am Freitag in die Bücherei zurück, damit ich es am Wochenende lesen kann."
Die Lehrkraft kann Lisa in der Pause ansprechen:
„Du hast dir ein schönes Buch ausgesucht, das du gern lesen möchtest. Wie du bemerkt hast, finden andere Kinder es ebenso schön. Eines hat das Buch nun gerade ausgeliehen. Du könntest in der Bücherei sagen, dass man dir das Buch zurücklegt, wenn es wieder da ist. Auch du möchtest ohne Zeitdruck eine Geschichte lesen. So etwas ist eine ganz persönliche Angelegenheit, die dich selbst betrifft. Das können die Parlamentarier nicht für dich besprechen."

Dagegen wäre eine **Regelung genereller Ausleihzeiten** für Medien aus der Schülerbücherei oder die Anschaffung von besonders beliebten Büchern durchaus ein Thema für eine Parlamentssitzung.

Ebenso wäre die **Anschaffung von Schaumstoffbällen** für den Gebrauch in der Sporthalle oder auf dem Schulhof ein passendes Thema. Dagegen kann das Schülerparlament nicht über Regeln entscheiden, die die Sicherheit betreffen.

Beispiel: In der Regenpause darf im Klassenraum nicht mit Bällen geworfen werden.
Paul möchte gern einen Schaumstoffball von zu Hause mitbringen. Er schreibt: *„Ich möchte mit dem Schaumstoffball in den Regenpausen in der Klasse mit Mark Ballfangen üben."*
Auch in diesem Fall müssen Sie als Lehrkraft erklären, dass generell das Werfen eines Balles, egal welcher Art, im Klassenraum nicht gestattet ist. Auch über Ausnahmen kann in diesem Fall nicht verhandelt werden. Über eine so festgelegte Regel aus Gründen der Sicherheit kann das Schülerparlament nicht entscheiden.

Schülersprecher: Stimmzettel für die Wahl

Stimmzettel für die Wahl zum Schülersprecher

Schule: .... Datum: ....

Zur/m Schülersprecher/in wähle ich:

- ❑ ....
- ❑ ....
- ❑ ....
- ❑ ....
- ❑ ....

Bitte 2 Personen ankreuzen. Die/derjenige, die/der die meisten Stimmen bekommt, ist zum Schülersprecher gewählt. Die/derjenige mit den zweitmeisten Stimmen ist zur/m Vertreter/in gewählt.

Stimmzettel für die Wahl zum Schülersprecher

Schule: .... Datum: ....

Zur/m Schülersprecher/in wähle ich:

- ❑ ....
- ❑ ....
- ❑ ....
- ❑ ....
- ❑ ....

Bitte 2 Personen ankreuzen. Die/derjenige, die/der die meisten Stimmen bekommt, ist zum Schülersprecher gewählt. Die/derjenige mit den zweitmeisten Stimmen ist zur/m Vertreter/in gewählt.

ISBN 978-3-8346-2978-4 | www.verlagruhr.de

Die Aufgaben eines Schülersprechers

Der Schülersprecher ...

- ist Vorsitzender bei Schülerversammlungen
- beruft Versammlungen ein
- vertritt die Interessen aller Schüler
- ist Ansprechpartner für Schüler, Schulleitung, Lehrkräfte, Eltern und auch für den Hausmeister bei Fragen zur Schülermitverwaltung (z. B. wenn ein Raum für Tagungen benötigt wird, bei Problemen, kann Anträge an die Schulkonferenz leiten)
- ist kraft seines Amtes Mitglied in der Schulkonferenz und im schulischen Förderverein und kann dort bei Bedarf Anträge stellen
- kann später an verschiedenen Konferenzen teilnehmen
- informiert die Schüler über Gespräche mit der Schulleitung und anderen Gremien und umgekehrt
- trifft sich regelmäßig mit Verbindungslehrern
- trägt Bitten oder Beschwerden der Schülerschaft an passender Stelle vor
- ist verantwortlich für die Umsetzung von Beschlüssen der Schülerversammlung
- ist Verbindung zwischen Arbeitsgruppen der Schülerversammlung
- beobachtet die Ordnung in den Schülerämtern
- kann bei Konflikten vermitteln
- wird von der Schulleitung und den Verbindungslehrern unterstützt.

Er darf für seine Tätigkeiten vom Unterricht zeitweise befreit werden und muss eigenverantwortlich Versäumtes aufholen.

ISBN 978-3-8346-2978-4 | www.verlagruhr.de

Schülerparlament: Einladung

Einladung vom Schülerparlament

Schule: ....

Liebe/r Klassensprecher/in der Klasse ....

ganz herzlich laden wir dich und/oder die Vertreter eurer Anliegen
zur nächsten Sitzung des Schülerparlaments

am .... in der .... Stunde ein.

Das Schülerparlament bespricht:

- ❑ Begrüßung
- ❑ ....
- ❑ ....

Wir treffen uns in der Aula und wir freuen uns auf dich!
Liebe Grüße vom Team des Schülerparlaments

Einladung vom Schülerparlament

Schule: ....

Liebe/r Klassensprecher/in der Klasse ....

ganz herzlich laden wir dich und/oder die Vertreter eurer Anliegen
zur nächsten Sitzung des Schülerparlaments

am .... in der .... Stunde ein.

Das Schülerparlament bespricht:

- ❑ Begrüßung
- ❑ ....
- ❑ ....

Wir treffen uns in der Aula und wir freuen uns auf dich!
Liebe Grüße vom Team des Schülerparlaments

ISBN 978-3-8346-2978-4 | www.verlagruhr.de

Schülerparlament: Ergebnis-Aushang

Die Vorsitzenden	Ergebnis des letzten Treffens
....	....
....	....
....	....
....	....
....	....
....	....
....	....
....	....
....	....

Deine Wünsche für die nächste Besprechung am ....:

- ❑ ....
- ❑ ....
- ❑ ....
- ❑ ....
- ❑ ....
- ❑ ....
- ❑ ....
- ❑ ....
- ❑ ....
- ❑ ....

ISBN 978-3-8346-2978-4 | www.verlagruhr.de

Schülerpräsident: Stimmzettel für die Wahl

Stimmzettel für die Wahl zum Präsidenten

Schule: .... Datum: ....

Zur/m Präsidenten/in wähle ich:

- ❑ ....
- ❑ ....
- ❑ ....
- ❑ ....
- ❑ ....

Bitte 2 Personen ankreuzen. Die/derjenige, die/der die meisten Stimmen bekommt, ist zum Schülerpräsidenten gewählt. Die/derjenige mit den zweitmeisten Stimmen ist zur/m Vertreter/in gewählt.

Stimmzettel für die Wahl zum Präsidenten

Schule: .... Datum: ....

Zur/m Präsidenten/in wähle ich:

- ❑ ....
- ❑ ....
- ❑ ....
- ❑ ....
- ❑ ....

Bitte 2 Personen ankreuzen. Die/derjenige, die/der die meisten Stimmen bekommt, ist zum Schülerpräsidenten gewählt. Die/derjenige mit den zweitmeisten Stimmen ist zur/m Vertreter/in gewählt.

ISBN 978-3-8346-2978-4 | www.verlagruhr.de

Schülerparlament: Ergebnisprotokoll

Schülerparlament:

Datum: ....

Es waren .... Klassenvertreter/innen bei der Schülerparlamentssitzung

Wir haben besprochen:	Wir möchten:
....	....
....	....
....	....
....	....
....	....
....	....
....	....
....	....
....	....
....	....

Wir treffen uns wieder am: ....

ISBN 978-3-8346-2978-4 | www.verlagruhr.de

Schülerparlament: Anliegen

An die Beschwerdestelle (den Petitionsausschuss) der Schule:

Name: ....

Adresse: ....

mein Name und meine Adresse für eine Antwort:

....

Frau/Herr ....

Das ist mein/unser Anliegen:

....

....

....

....

....

....

....

....

....

....

....

....

Datum: .... Unterschrift: ....

ISBN 978-3-8346-2978-4 | www.verlagruhr.de

Wichtige politische Begriffe (1/3)

Abgeordneter	gewählter Sprecher aus einer Gruppe
(neue) Akzent(e)	Betonung, Schwerpunkt
Analysieren	zergliedern, auseinanderlegen von etwas, um es besser zu verstehen
Argument	ein Beweismittel, ein Grund
Assembly	heißt eigentlich Assembling (engl.) und bedeutet: ein Treffen zum Gespräch über eine bestimmte Angelegenheit
Basis	Grundlage, Ausgangspunkt
Bündnis	Abkommen, Zusammenschluss, um gemeinsam etwas zu erreichen
Delegierter, Delegation, delegieren	ein Ausgewählter für eine Gruppe, der die Interessen dieser Gruppe vertritt
Demokratie, demokratisch	Volksherrschaft, nach dem Willen der Mehrheit
Didaktik	eine Lehrmeinung über das Lehren und Lernen
Diskussion	Gespräch, bei dem jeder jeden zu Ende sprechen lässt
Disput	ein Streitgespräch
Disziplin	etwas zielstrebig bis zu Ende tun (Erreichen eines Zieles), sich unterordnen
Ethik	Mitverantwortung für ein gutes Leben der Mitmenschen beachten
Extremist	Mensch, der mit allen ihm zur Verfügung stehenden Mitteln etwas durchsetzen möchte
Gremium	Gemeinschaft, Expertengruppe
Grundsatz	Motto, Regel, Leitsatz
Herrschaft	Regierung, Staatsgewalt
Institution	Einrichtung des öffentlichen Lebens, ein Gebäude oder eine Gruppe von Menschen
Instrument	Werkzeug, auch mal eine Anleitung, etwas nach Regeln zu tun
Kommune	Gemeinde, Gruppe von Menschen
Kompetenz	zu etwas viel wissen, dafür zuständig sein
Konflikt	verschiedene Meinungen zu einem Thema

ISBN 978-3-8346-2978-4 | www.verlagruhr.de

Wichtige politische Begriffe (2/3)

Konfliktstrategie	Wie rede ich im Streitgespräch, um meine eigene Meinung durchzusetzen?
Kontext	Sinnverbindung, Zusammenhang, Umgebung einer wichtigen Angelegenheit
Kultur	das Ganze von geschaffenen Werten, geistig und materiell
Legislatur(-Periode)	Gesetzgebung(-szeit)
legitim, Legitimation	rechtmäßig, gesetzlich anerkannt
Liberalität	Freiheit
Mechanismus	Vorgang, der allein passiert
Normen	Regeln, so sollte etwas passieren oder sein
Parlament	Volksvertretung, Menschen, die für andere Menschen sprechen
Partei	Gruppe (wie ein Verein) von Menschen mit den gleichen Ansichten und Zielen
Partizip	Beteiligung, Teilnahme an etwas
Periode	Zeitraum
Perspektive	Sichtweise, persönliche Sicht auf etwas
Podium	Bühne für Redner
Politik	Gesamtheit einer Regierungstätigkeit, handeln nach einem Plan, um etwas zu bewirken oder zu erreichen
positiv und negativ	gut und schlecht
Prävention	vorbeugen, Vorbeugemaßnahmen
Prinzip	Grundsatz, feste Regel, Princeps hießen früher die römischen Kaiser
Profil	Seitenansicht, Gefüge eines menschlichen Charakters, Quer- oder Längsschnitt
radikal	gründlich, ohne Rücksicht
Recht	alle Gesetze
Rechtsstaat	ein Staat/Land, in dem es für die Bürger fair und ordentlich zugeht
Ratifikation, ratifizieren	einen Vertrag bestätigen, anerkennen und ab da den Vertrag erfüllen
Regel	Vorgabe über das, was normal ist, Richtlinie

ISBN 978-3-8346-2978-4 | www.verlagruhr.de

Wichtige politische Begriffe (3/3)

Solidarität	füreinander eintreten, Zusammengehörigkeit, Gemeinsamkeit
sozial	gemeinnützig, darauf gerichtet, allen etwas zu nützen, hilfsbereit
Standards	Maßstab, so soll etwas sein
Toleranz	Duldsamkeit, andere Meinungen zulassen
Union	Vereinigung, Verbund, Zusammenschluss im größeren Maß, z. B. Staaten oder Kirchen
Verbalisierung	Gedanken oder Pläne in Worte fassen, nennen, sagen
Vorurteil	etwas oder jemanden beurteilen, bevor man Genaueres darüber weiß, das Gegenteil von Toleranz
Werte	etwas mögen, schätzen
Werte-Orientierung	das Lernen und Erreichen von Eigenschaften, die allen Lebewesen nützen und sie schützen

ISBN 978-3-8346-2978-4 | www.verlagruhr.de

Literaturverzeichnis

Bundesministerium für Familie, Senioren, Frauen und Jugend: Übereinkommen über die Rechte des Kindes. VN-Kinderrechtskonvention im Wortlaut mit Materialien, Berlin, 2014 www.bmfsfj.de/RedaktionBMFSFJ/Broschuerenstelle/Pdf-Anlagen/_C3_9Cbereinkommen-_C3_BCber-die-Rechte-des-Kindes,property=pdf,bereich=bmfsfj,sprache=de,rwb=true.pdf

Bundeszentrale für gesundheitliche Aufklärung: Achtsamkeit und Anerkennung, Köln, 2002 www.bzga.de/botmed_20420000.html

Bundeszentrale für gesundheitliche Aufklärung: Unterricht in Bewegung, Köln, 2002 www.bzga.de/infomaterialien/unterrichtsmaterialien/nach-themen/?idx=2344

Fried, Erich: Die Freiheit den Mund aufzumachen, Fischer Taschenbuch Verlag, 1991, S. 28

Meyer, Hilbert: Was ist guter Unterricht?, Cornelsen Verlag Scriptor, 2004

Meyer, Meinert: Problemlösendes Lernen in der Pädagogik John Deweys. In: Pädagogik, 51. Jg., H. 10, S. 29–32, 1999

Ministerium für Schule und Weiterbildung des Landes Nordrhein-Westfalen: Die Mitwirkung der Schülervertretung in der Schule (SV-Erlass), Düsseldorf, 2013 www.schulministerium.nrw.de/docs/bp/Schueler/Schulleben/Schuelervertretung/SVErlass.pdf

Ministerium für Schule und Weiterbildung des Landes Nordrhein-Westfalen: Richtlinien und Lehrpläne für die Grundschule in Nordrhein-Westfalen, Düsseldorf, 2008 www.schulentwicklung.nrw.de/lehrplaene/upload/klp_gs/LP_GS_2008.pdf

Ministerium für Schule, Jugend und Kinder des Landes Nordrhein-Westfalen: Begegnung mit Sprachen, Düsseldorf, 2003 www.schulentwicklung.nrw.de/materialdatenbank/nutzersicht/getFile.php?id=3762

Platfoet, Jan: Das Ritual in pluralistischen Gesellschaften, in: Belliger, Andrea/Krieger, David J. (Hrsg.): Ritualtheorien. Ein einführendes Handbuch. Opladen; Wiesbaden: Westdeutscher Verlag, 1998, S. 181

Schöllmann, Sven; Schöllmann, Evelyn: Respektvoll miteinander sprechen, Konflikten vorbeugen, Verlag an der Ruhr, 2014

Schulgesetz für das Land Baden-Württemberg www.landesrecht-bw.de/jportal/portal/page/bsbawueprod.psml?pid=Dokumentanzeige&showdoccase=1&js_peid=Trefferliste&documentnumber=1&numberofresults=1&fromdoctodoc=yes&doc.id=jlr-SchulGBW1983pP65

Schulgesetz für das Land Nordrhein-Westfalen www.schulministerium.nrw.de/docs/Recht/Schulrecht/Schulgesetz/Schulgesetz.pdf

Wilson, Colin: Das Okkulte, März Verlag, 1982, S. 92–93

Weiterführende Links

www.BzgA.de
hier gibt es (kostenfrei) verschiedene Informationsschriften auch zur psychischen Gesundheit

www.cnvc.org
Zentrum für gewaltfreie Kommunikation, Informationen zu Kursen und Trainingsmöglichkeiten

www.demokratisch-handeln.de/service/publikationen/Demokratie_erfahren.html
Info-Schriften (kostenfrei) für Kinder, Jugendliche und Interessierte

www.derKlassenrat.de
Erfahrungsberichte und nützliches Arbeitsmaterial

www.freinet.paed.com
Informationen, Arbeitsmaterial und Termine zu Treffen

www.hanisauland.de
Informationen, Spiele und Unterrichtsempfehlungen über/mit Kinderrechte/n, Lexikon mit kindgerechten Begriffserklärungen

www.jugendnetz.de
Kommunikations- und Informationsplattform für politisch interessierte Jugendliche

www.kultusportal-bw.de/SMV-BW,Lde/Startseite/Info+_+Service/Online_Bestellung
Bücher für die SMV-Arbeit

www.lsvnw.de
(Bundes-)Landesschülervertretungen, Elternforen

www.pgm.musin.de/smv/SMV-Handbuchpdf
Ein Handbuch für Schülervertreter, herausgegeben vom bayerischen Staatsministerium für Unterricht und Kultur

www.schueler-mobbing.de,
www.schueler-gegen-mobbing.de
wertvolle Tipps für Betroffene, Präventionshilfen

www.svtipps.de
Hilfen und Empfehlungen für Schüler, die in der Schülermitverwaltung aktiv sind

www.youpod.de
Portal für Düsseldorfer Jugendliche, gibt es auch in anderen Städten jeweils unter der Webseite der Stadt

Literaturtipps

Blum, Eva; Blum, Hans-Joachim:
Der Klassenrat.
Verlag an der Ruhr, 2012.
ISBN 978-3-8346-2289-1

Dondl, Jakob:
Politik-Lernen in der Grundschule.
Klinkhardt, 2012.
ISBN 978-3-7815-1884-1

Dosch, Elke; Grabe, Astrid:
77 Ideen – Soziales Lernen in der Grundschule.
Verlag an der Ruhr, 2014.
ISBN 978-3-8346-2589-2

Dosch, Elke; Grabe, Astrid:
Die Wiedergutmachungs-Kartei.
Verlag an der Ruhr, 2014.
ISBN 978-3-8346-2478-9

Edelstein, Wolfgang; Frank, Susanne; Sliwka, Anne (Hrsg.):
Praxisbuch Demokratiepädagogik.
Beltz, 2009.
ISBN 978-3-407-62617-2

Pig-Band Borste:
Vom Frühstückssong zum Abschiedsgong, Audio-CD.
Verlag an der Ruhr, 2010.
ISBN 978-3-8346-0608-2

Schöllmann, Sven; Schöllmann, Evelyn:
Respektvoll miteinander sprechen – Konflikten vorbeugen.
Verlag an der Ruhr, 2014.
ISBN 978-3-8346-2477-2

Thörner, Cordula:
Politik und Demokratie.
Carlsen, 2013.
ISBN 978-3-551-24127-6

Verlag an der Ruhr

Postfach 10 22 51
45422 Mülheim an der Ruhr

Telefon 030/89 785 235
Fax 030/89 785 578

bestellungen@cornelsen-schulverlage.de
www.verlagruhr.de

■ **50 Grammatik-Spiele für die Grundschule**

Spielanleitungen und Kopiervorlagen

Kl. 2–4, 64 S., A4, Hefter mit Kopiervorlagen

ISBN 978-3-8346-2313-3

■ **80 schnelle Spiele für die DaZ- und Sprachförderung**

Für Plenum, Kleingruppen und Freiarbeit

Kl. 1–2, 136 S., 17 x 24 cm, Paperback, mit PDFs und bearbeitbaren Word-Dateien auf CD

ISBN 978-3-8346-2310-2

Merk-Poster

■ **Rechtschreibung – Grundlagen**

Kl. 1–3, A3, 12 farbige Poster

ISBN 978-3-8346-2253-2

Ebenfalls erhältlich:
Rechtschreibung – Aufbauwissen

■ **Zum Schreiben verführen**

Über 100 Schreibanlässe für eigene Klapp-, Falt- und Pop-up-Bücher

Kl. 2–4, 91 S., A4, Paperback

ISBN 978-3-8346-0482-8

■ **80 Bild-Impulse als Erzähl- und Schreibanlässe**

Kl. 1–4, A5 quer, 80 farbige Bildkarten mit 24-seitigem Begleitheft

ISBN 978-3-8346-0946-5

■ **Deutsch kann man anfassen!**

40 Spiele und handlungsorientierte Unterrichtsmaterialien – schnell selbst gemacht

Kl. 1–4, 135 S., 16 x 23 cm, Paperback

ISBN 978-3-8346-0942-7

■ **Deutsch mit dem ganzen Körper**

60 Bewegungsspiele für alle Bereiche des Deutschunterrichts

Kl. 1–4, 98 S., 16 x 23 cm, Paperback

ISBN 978-3-8346-0481-1

■ **Max erforscht Feiertage rund um das Jahr**

Vorlesegeschichten mit Zuhörfragen

Kl. 1–4, 120 S., 16 x 23 cm, Paperback

ISBN 978-3-8346-0941-0

Vielseitigkeit im Deutschunterricht